T0209508

280 Keywords Unternehmensfinanzierung

Springer Fachmedien Wiesbaden GmbH
(Hrsg.)

280 Keywords Unternehmensfinanzierung

Grundwissen für Manager

2., aktualisierte Auflage

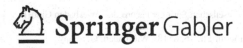

Hrsg.
Springer Fachmedien Wiesbaden GmbH
Wiesbaden, Deutschland

ISBN 978-3-658-23632-8   ISBN 978-3-658-23633-5   (eBook)
https://doi.org/10.1007/978-3-658-23633-5

Die Deutsche Nationalbibliothek verzeichnet diese Publikation in der Deutschen National-
bibliografie; detaillierte bibliografische Daten sind im Internet über http://dnb.d-nb.de abrufbar.

Springer Gabler
© Springer Fachmedien Wiesbaden GmbH, ein Teil von Springer Nature 2015, 2019

Springer Gabler ist ein Imprint der eingetragenen Gesellschaft Springer Fachmedien Wiesbaden GmbH
und ist ein Teil von Springer Nature
Die Anschrift der Gesellschaft ist: Abraham-Lincoln-Str. 46, 65189 Wiesbaden, Germany

Autorenverzeichnis

PROFESSOR DR. DR. ANN-KRISTIN ACHLEITNER
Technische Universität München, München
Themengebiet: Unternehmensgründung

DR. DR. JÖRG BERWANGER
Steag New Energies GmbH, Saarbrücken
Themengebiet: Handels- und Gesellschaftsrecht

PROFESSOR DR. CLAUDIA BREUER
Hochschule der Sparkassen-Finanzgruppe, Bonn
Themengebiet: Unternehmensfinanzierung

PROFESSOR DR. WOLFGANG BREUER
Rheinisch-Westfälische Technische Hochschule, Aachen
Themengebiet: Unternehmensfinanzierung

DR. CORDULA HELDT
Deutsches Aktieninstitut e. V., Frankfurt am Main
Themengebiet: Wertpapiergeschäft

DR. NILS HELMS
Technische Universität Kaiserslautern
Themengebiet: Kreditgeschäft

PROFESSOR DR. REINHOLD HÖLSCHER
Technische Universität Kaiserslautern, Kaiserslautern
Sachgebiet: Kreditgeschäft

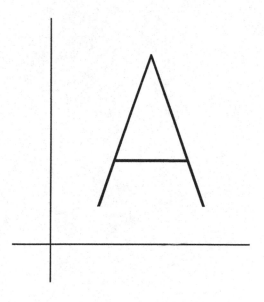

© Springer Fachmedien Wiesbaden GmbH, ein Teil von Springer Nature 2019
Springer Fachmedien Wiesbaden (Hrsg.), *280 Keywords Unternehmensfinanzierun*,
https://doi.org/10.1007/978-3-658-23633-5_1

Abfindungsguthaben

Dem ausscheidenden Gesellschafter zustehende Abfindung. Entspricht dem Auseinandersetzungsguthaben.

Ablösungsfinanzierung

Maßnahmen der Finanzierung, bei denen Eigenkapital zur Rückzahlung („Ablösung") von Fremdkapital beschafft wird.

Beispiel: Aktienemission zur Ablösung von Bankdarlehen.

Additivitätsprinzip

Besagt, dass auf einem vollkommenen Markt (Kapitalmarkt) der Marktwert eines Unternehmens unabhängig davon ist, in welcher Zusammensetzung von Teilströmen das Unternehmen den Gesamtzahlungsstrom dem Markt anbietet. Der Marktwert des Unternehmens ist immer eine lineare Verknüpfung der Marktwerte der Teilströme.

Aktie

I. Begriff

Bruchteil des Grundkapitals einer Aktiengesellschaft (AG). Jede Aktie repräsentiert entweder einen auf volle Euro laufenden Nennwert (§ 8 II AktG, Nennwertaktie) oder ist als Stückaktie am Grundkapital beteiligt, ohne einen Nennbetrag auszuweisen (§ 8 III AktG). In diesem Fall sind alle Stückaktien am Grundkapital in gleichem Umfang beteiligt.

Die Aktie ist ein Wertpapier, das der Beteiligungsfinanzierung dient und das Mitgliedschaftsrecht des Aktionärs verbrieft. Im Zeitalter der elektronischen Medien wird zunehmend auf effektive Stücke verzichtet und mit Sammel- oder Globalurkunden gearbeitet. Die Satzung kann die Möglichkeit des Ausschlusses oder der Einschränkung des Aktionärsanspruchs auf Verbriefung vorsehen (§ 10 V AktG).

II. Arten

1. Nach der *Übertragung* unterscheidet man Inhaberaktien als auf den Inhaber lautende Aktien und Namensaktien.

Sonderform: vinkulierte Namensaktie (vinkulierte Aktie): Der Eigentums-wechsel (Verkauf) ist genehmigungspflichtig.

2. Nach dem *Umfang der verbrieften Rechte* gibt es Stammaktien (diese gewähren dem Aktionär alle gesetzlichen und satzungsmäßigen Aktio-närsrechte) und Vorzugsaktien (das sind Aktien mit zusätzlichen Vor-rechten, z. B. auf eine Mindestdividende).

3. Nach der *Art der Beteiligung* am Grundkapital der AG gibt es Nennbe-tragsaktien auf eine feste Summe (Nennwert) lautende Aktie und Quo-tenaktien (diese verkörpern einen für alle Aktien gleichen Anteil am Grundkapital in Deutschland in Form der Stückaktie).

4. *Sonstige:* Auf Besonderheiten weisen die Bezeichnungen von Aktien als Volksaktien oder Belegschaftsaktien sowie junge Aktien und Gratisaktien hin.

III. Wirtschaftliche Funktionen

1. Die Aktie als *Finanzierungsinstrument* dient der Beschaffung von Eigen-kapital.

2. Die Aktie als *Anlageinstrument* hat vorrangig für Unternehmen und pri-vate Haushalte Bedeutung. Anlegergruppen sind ausländische Investo-ren, Versicherungsunternehmen, Kapitalanlagegesellschaften und Kredit-institute sowie öffentliche Haushalte. Mit einer Anlage in Aktien können verschiedene Ziele verfolgt werden: dauernde, ertragbringende Kapital-anlage (Anlagemotiv), Sachwertbeteiligung zur Vermeidung von Geld-wertverlusten (Sachwertmotiv), Gewinnerzielung über Kauf und Verkauf (Spekulationsmotiv) und (für Großanleger) Einflussnahme auf die Ge-schäftspolitik der AG bzw. Beherrschung des Unternehmens (Mitspra-che- und Beherrschungsmotiv).

Aktiengesellschaft (AG)

I. Charakterisierung

1. Rechtsstellung: Die Aktiengesellschaft (AG) ist eine Handelsgesell-schaft mit eigener Rechtspersönlichkeit (juristische Person); für die Verbindlichkeiten der AG haftet den Gläubigern nur das Gesell-schaftsvermögen (§ 1 AktG). Die Gesellschafter (Aktionäre) sind in

der Regel mit Einlagen an dem Aktienkapital beteiligt. Die AG ist eine unpersönliche Unternehmungsform, eine Kapitalgesellschaft. Das Grundkapital der AG wird meist von einer größeren Zahl von Kapitalgebern aufgebracht. Der Vorteil für den Aktionär liegt darin, dass er jederzeit die Aktie an der Börse verkaufen kann. Die Banken spielen bei der Gründung einer AG und der Aktienausgabe eine große Rolle. Mittelständischen Unternehmen wurde durch das Gesetz für kleine Aktiengesellschaften und zur Deregulierung des Aktienrechts vom 2.8.1994 der Zugang zur Rechtsform der AG erleichtert (kleine Aktiengesellschaft). Ihr europäisches Pendant findet die AG in der Societas Europaea (SE).

2. *Gründung*: Die Aktien können entweder als Nennbetragsaktien (Nennwertaktien) oder als Stückaktien begründet werden. Nennbetragsaktien müssen auf mind. einen Euro lauten. Stückaktien lauten auf keinen Nennbetrag. Sie sind am Grundkapital im gleichen Umfang beteiligt. Der auf eine einzelne Aktie entfallende anteilige Betrag des Grundkapitals darf einen Euro nicht unterschreiten (§ 8 AktG). Die Einzahlung des Aktionärs muss mind. 25 Prozent des geringsten Ausgabebetrages der Aktie und bei Ausgabe der Aktien für einen höheren als diesen auch den Mehrbetrag umfassen. Sacheinlagen sind vollständig zu leisten (§ 36a II 1 AktG). In bestimmten Fällen können die Aktionäre durch die Satzung zu regelmäßigen, nicht in Geld bestehenden Leistungen (meist gegen Vergütung) verpflichtet werden, z.B. zu Rübenlieferungen bei Zuckerfabriken (Nebenleistungsaktiengesellschaft). Bei solchen Nebenleistungen müssen die Aktien vinkuliert sein.

3. Die *Satzung* (Statut, Gesellschaftsvertrag) muss enthalten: Firma, Sitz, Gegenstand des Unternehmens, Grundkapital, Nennwert der Aktien bzw. Zahl der Stückaktien, Art der Zusammensetzung des Vorstandes, Form für die Bekanntmachungen der AG.

4. Die *Firma* muss den Zusatz „Aktiengesellschaft" enthalten.

5. *Organe*: Hauptversammlung (HV), Aufsichtsrat und Vorstand (Direktion); vgl. Abbildung „Aktiengesellschaft – Organe".

6. *Rechnungslegung*: Über jedes Geschäftsjahr ist die Jahresbilanz mit Gewinn- und Verlustrechnung (GuV) und Anhang (Jahresabschluss) und

der Lagebericht (inklusive der nichtfinanziellen Erklärung nach § 289b HGB) vom Vorstand aufzustellen, im Regelfall (Jahresabschlussprüfung) von Abschlussprüfern zu prüfen, nach Feststellung (§ 172 AktG) in der Regel zu veröffentlichen (Publizität) und der Hauptversammlung (HV) vorzulegen. Über die Verwendung des Bilanzgewinns beschließt die HV.

7. *Auflösung* der AG kann erfolgen:

(1) durch Ablauf der in der Satzung vorgesehenen Zeit (selten),

(2) durch Beschluss der HV mit Dreiviertelmehrheit des vertretenen Grundkapitals,

(3) durch Eröffnung des Insolvenzverfahrens. Sie hat die Abwicklung (Liquidation) zur Folge.

II. Rechtsgrundlagen

Aktiengesetz (AktG) vom 6.9.1965 (BGBl. I 1089) m.spät.Änd. Die Aktiengesellschaft unterliegt der Mitbestimmung der Arbeitnehmer auf Unternehmensebene nach dem Montan-Mitbestimmungsgesetz (Montan-MitbestG), Mitbestimmungsgesetz (MitbestG), Drittelbeteiligungsgesetz (DrittelbG).

III. Besteuerung

1. *Grundsätzliches:* Bei der Besteuerung der AG ist zu unterscheiden zwischen der Besteuerung der Gewinne der AG selbst (Ebene der Gesellschaft) und der Besteuerung der Gewinne beim Aktionär (Ebene des Gesellschafters), nachdem sie als Dividenden an diesen ausgeschüttet worden sind. Ob und inwieweit es durch die zweimalige Belastung derselben Gewinne auf Gesellschafts- und Gesellschafterebene zu einer Zusatzbelastung (wirtschaftlichen Doppelbelastung) kommt, wird durch das Körperschaftsteuersystem geregelt.

2. *Gesellschaftsebene:* Das steuerpflichtige Einkommen der AG unterliegt der Körperschaftsteuer. Der Gewinn ist durch Bilanzierung zu ermitteln und gilt in vollem Umfang als gewerblich; entsprechend unterliegt der Gewinn zusätzlich der Gewerbesteuer (§ 2 II GewStG). Eine Anrechnung der Gewerbesteuer auf die Körperschaftsteuer findet nicht statt, sodass die Gewerbesteuer bei der AG zu einer Zusatzbelastung führt.

Aktiengesellschaft – Organe

Organe der Aktiengesellschaft

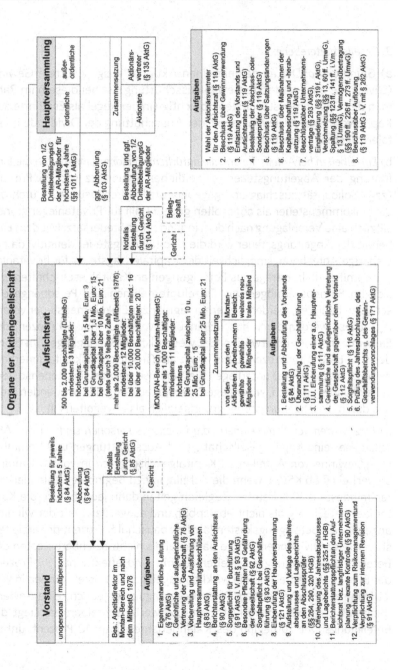

Vorstand

unpersonal	multipersonal

Bestellung für jeweils höchstens 5 Jahre (§ 84 AktG)

Abberufung (§ 84 AktG)

Notfalls Bestellung d.rch Gericht (§ 85 AktG)

Bes.: Arbeitsdirektor im Montan-Bereich und nach dem MitbestG 1976

Aufgaben

1. Eigenverantwortliche Leitung (§ 76 AktG)
2. Gerichtliche und außergerichtliche Vertretung der Gesellschaft (§ 78 AktG)
3. Vorbereitung und Ausführung von Hauptversammlungsbeschlüssen (§ 83 AktG)
4. Berichterstattung an den Aufsichtsrat (§ 90 AktG)
5. Sorgepflicht für Buchführung (§ 91 AktG i. V. mit § 93 AktG)
6. Besondere Pflichten bei Gefährdung der Gesellschaft (§ 92 AktG)
7. Sorgfaltspflicht bei Geschäftsführung (§ 93 AktG)
8. Einberufung der Hauptversammlung (§ 121 AktG)
9. Aufstellung und Vorlage des Jahresabschlusses und Lageberichts an den Abschlussprüfer (§§ 284, 290, 320 HGB)
10. Offenlegung des Jahresabschlusses und Lageberichts (§§ 325 ff. HGB)
11. Berichterstattungspflicht an den Aufsichtsrat bez. langfristiger Unternehmensplanung – exante Kontrolle (§ 90 AktG)
12. Verpflichtung zum Risikomanagement und Verpflichtung zur internen Revision (§ 91 AktG)

Aufsichtsrat

500 bis 2.000 Beschäftigte (DrittelbG) mindestens 3 Mitglieder; höchstens:
bei Grundkapital bis 1,5 Mio. Euro: 9
bei Grundkapital über 1,5 Mio. Euro: 15
bei Grundkapital über 10 Mio. Euro: 21
(stets durch 3 teilbare Zahl)

mehr als 2.000 Beschäftigte (MitbestG 1976): mindestens 12 Mitglieder;
bei über 10.000 Beschäftigten mind.: 16
bei über 20.000 Beschäftigten: 20

MONTAN-Bereich (Montan-MitbestG): mehr als 1.000 Beschäftigte; mindestens 11 Mitglieder; höchstens
25 Mio. Euro: 15
bei Grundkapital über 25 Mio. Euro: 21

Zusammensetzung

von den Aktionären gewählte Mitglieder	von den Arbeitnehmern gewählte Mitglieder	Montan-Bereich: weiteres neutrales Mitglied

Aufgaben

1. Bestellung und Abberufung des Vorstands (§ 84 AktG)
2. Überwachung der Geschäftsführung (§ 111 AktG)
3. U.U. Einberufung einer a. o. Hauptversammlung (§ 111 AktG)
4. Gerichtliche und außergerichtliche Vertretung der Gesellschaft gegenüber dem Vorstand (§ 112 AktG)
5. Sorgfaltspflicht (§ 116 AktG)
6. Prüfung des Jahresabschlusses, des Geschäftsberichts u. des Gewinnverwendungsvorschlages (§ 171 AktG)

Bestellung von 1/2 DrittelbeteiligungsG der AR-Mitglieder für höchstens 4 Jahre (§§ 101 f. AktG)

ggf. Abberufung (§ 103 AktG)

Bestellung und ggf. Abberufung von 1/2 DrittelbeteiligungsG der AR-Mitglieder

Notfalls Bestellung durch Gericht (§ 104 AktG)

Gericht

Belegschaft

Hauptversammlung

ordentliche	außerordentliche

Zusammensetzung

Aktionäre

Aktionärsvertreter (§ 135 AktG)

Aufgaben

1. Wahl der Aktionärsvertreter für den Aufsichtsrat (§ 119 AktG)
2. Beschluss über Gewinnverwendung (§ 119 AktG)
3. Entlastung des Vorstands und Aufsichtsrates (§ 119 AktG)
4. Bestellung der Abschluss- oder Sonderprüfer (§ 119 AktG)
5. Beschluss über Satzungsänderungen (§ 119 AktG)
6. Beschluss über Maßnahmen der Kapitalbeschaffung und -herabsetzung (§ 119 AktG)
7. Beschluss über Unternehmensverträge (§ 293 AktG), Eingliederung (§§ 319 f. AktG), Verschmelzung (§§ 13, 60 ff. UmwG), Spaltung (§§ 123 ff, 141 ff. i.V.m. § 13 UmwG), Vermögensübertragung (§§ 190 ff., 226 f., 273 ff. UmwG)
8. Beschluss über Auflösung (§ 119 AktG i. V. mit § 262 AktG)

3. *Gesellschafterebene:*

a) *Grundprinzip:* Der an den einzelnen Aktionär ausgeschüttete Gewinn (Dividende oder verdeckte Gewinnausschüttung) ist bei diesem im Rahmen der Einkommensteuer steuerpflichtig (in der Regel als Einkünfte aus Kapitalvermögen). Die AG hat bei der Ausschüttung der Dividende Kapitalertragsteuer einzubehalten.

b) *Einzelheiten bei Anteilseignern, die natürliche Personen sind:* Durch die Einführung der Abgeltungsteuer (einheitlicher Steuersatz von 25 Prozent (zzgl. Solidaritätszuschlag und gegebenenfalls Kirchensteuer), durch die die Einkommensteuer als abgegolten gilt) entfällt für Privatanleger grundsätzlich eine Veranlagung nach dem individuellen Steuersatz. Mit dem Einbehalt der Abgeltungssteuer wird die Kapitalertragsteuer definitiv, da die bisherige Anrechnungsmöglichkeit der Kapitalertragsteuer für Privatanleger damit entfällt. Erträge aus Beteiligungen an Kapitalgesellschaften, die sich im Betriebsvermögen von Einzelunternehmen und Personengesellschaften befinden, werden weiterhin regulär zur Einkommensteuer veranlagt. Diese werden durch das Teileinkünfteverfahren mit 60 Prozent der Einkommensteuer unterworfen. Bei wesentlichen Beteiligungen im Sinne des § 17 EStG (ab 1 Prozent Beteiligung am Gesellschaftskapital innerhalb der letzten fünf Jahre) unterliegen die Veräußerungsgewinne ebenso dem Teileinkünfteverfahren, wohingegen die Besteuerung der Dividenden hieraus durch die Abgeltungsteuer grundsätzlich als abgegolten gilt.

c) *Einzelheiten bei Anteilseignern, die juristische Personen sind:* Ist der Anteilseigner eine Kapitalgesellschaft, sind Ausschüttungen und Veräußerungsgewinne von Anteilen an Kapitalgesellschaften in vollem Umfang steuerfrei (§ 8b KStG), wenn die Beteiligung zu Beginn des Kalenderjahres mindestens 10% beträgt. Zugleich gelten dann jedoch auch die Kosten der Beteiligung als nicht-abziehbar, und es werden statt der wirklich angefallenen Beteiligungskosten jährlich pauschal 5 Prozent der erzielten steuerfreien Dividendenerträge pauschal als nichtabziehbare Kosten der Beteiligungsverwaltung angesehen. Damit sind effektiv nur 95 Prozent der Erträge steuerfrei und die wirklich angefallenen Kosten können in voller Höhe abgezogen werden. Diese Regelung findet jedoch keine Anwendung auf Veräußerungsverluste oder Teilwertabschreibungen. Liegt die Beteiligungshöhe zu Beginn des Kalenderjahres unter 10 Prozent, unterliegt die Dividende (nicht Veräußerungsgewinne) hingegen der vollen Besteuerung (§ 8b Abs. 4 KStG).

Aktienkapital

Das in Anteile (Aktien) zerlegte Grundkapital einer Aktiengesellschaft. Höhe nach § 7 AktG mind. 50.000 Euro.

Aktienkurstheorie

Der Kurs einer Aktie ist danach der Gegenwartswert zukünftiger Vorteile, die sich aus dem Besitz der Aktie ergeben; er ist ein Ertragswert (Dividendenbarwert). Die zukünftigen Vorteile umfassen alle zukünftigen Dividenden einschließlich einer möglichen Liquidationsdividende.

Aktiensplit

Aufteilung einer Aktie mit hohem Kurswert in mehrere Anteile. Der Zweck des Aktiensplits liegt in erster Linie in der optischen Verbilligung einer zu „schweren" Aktie und damit der Verbesserung der Handelbarkeit. Beim Aktiensplit kommt es zu keiner Kapitalverwässerung bei Aktiengesellschaften, da sich lediglich das Aktienkapital der Gesellschaft auf mehr Aktien verteilt als vorher.

Aktienumtausch

Finanzierungsform bei Fusionen: Die Aktien der zu übernehmenden Gesellschaft werden gegen solche der übernehmenden ausgetauscht.

Aktivfinanzierung

Finanzierung eines anderen Betriebes, wobei unter Finanzierung alle betrieblichen Kapitaldispositionen verstanden werden (Finanzierung im weitesten Sinn).

Aktivkredit

Begriff der Finanzierungslehre für den Kredit, den die Unternehmung anderen gewährt.

Allfinanz

Angebot von Versicherungsleistungen, Leasing- und Factoringverträgen, Vermögensverwaltung, Vermittlung von Immobilien und Bausparverträgen, Kreditkartenverträgen sowie Unternehmensberatungsleistungen durch Kreditinstitute. Der Grund für den Aufbau von Allfinanz-Angeboten liegt in dem nach Art und Zahl immer größer werdenden Kreis von Mitbewerbern im Markt für Finanzdienstleistungen, z. B. Versicherer (mit Kapitallebensversicherungen oder Policendarlehen), Bausparkassen, Kreditkartengesellschaften, Anlageberater (mit Vermögensverwaltungsleistungen) oder Handels- und Industrieunternehmen (mit Angeboten zur Absatzfinanzierung). Mit dem Angebot von Allfinanz- Leistungen können Kreditinstitute

(1) eine Stärkung der Kundenbindung,

(2) eine Erweiterung des Kundenkreises sowie

(3) Synergieeffekte im Vertrieb erreichen.

Zur Durchführung von Allfinanz-Geschäften können sich Kreditinstitute folgender Mittel bedienen:

(1) Kooperationen mit anderen Finanzinstituten;

(2) Gründung von Tochterunternehmen;

(3) Beteiligung an anderen Finanzinstituten.

Amortisation

1. *Tilgung einer Schuld.*

2. *Rückfluss der Investitionsbeträge* unter dem Gesichtspunkt

(1) der Finanzierung (Finanzplan, Liquidität);

(2) der Wirtschaftlichkeitsrechnung (Amortisationsdauer, Amortisationsrechnung).

Angliederungsfinanzierung

Maßnahmen der Kapitalbeschaffung zu dem Zweck, sich an einer anderen Unternehmung zu beteiligen oder sie aufzukaufen. Gründe für Angliederung können sein: Konkurrenzausschaltung, Erreichen der im globalen

Wettbewerb erforderlichen Unternehmensgröße, Rationalisierung des Fertigungsprogrammes.

Anlagekredit

Investitionskredit, langfristiges Fremdkapital, das der Finanzierung von Produktionsanlagen dient.

Anlagenfinanzierung

Finanzierung, bei der die Kapitalbeschaffung der Erneuerung oder Erweiterung von Betriebsanlagen dient.

Annuität

Die Annuität ist die von Zinssatz und Laufzeit abhängige jährliche Zahlungsgröße, durch die ein anfänglicher Kreditbetrag während der Darlehenslaufzeit einschließlich Zinsen getilgt wird. Annuitäten bestehen aus einem Zins- und einem Tilgungsanteil. Während Zins- und Tilgungsanteil variieren, bleibt die Höhe der Annuität über die Laufzeit konstant. Durch den jährlichen Tilgungsbetrag verringert sich die Restschuld eines Annuitätendarlehens von Jahr zu Jahr. Daher beinhaltet die Annuität anfänglich einen vergleichsweise hohen Zinsanteil, der sich in den folgenden Jahren sukzessiv zugunsten des Tilgungsanteils verringert.

Annuitätentilgungen sind z. B. bei Hypothekendarlehen üblich. Im Vergleich zu einem Kredit mit konstanten Tilgungsraten weist das Annuitätendarlehen für den Schuldner den Vorteil der konstanten Liquiditätsbelastung auf. Aufgrund der vergleichsweise späteren Kreditrückführung sind insgesamt allerdings mehr Zinsen zu zahlen als bei einem Ratenkredit.

Annuitäten können als eine Rente aufgefasst werden. Bei einem Endwert R_n im Zeitpunkt $t = n$ bzw. Anfangswert K_0 im Zeitpunkt $t = 0$ ergibt sich die zugehörige (kapitalwertgleiche) Annuität A bzw. Rente r in Form konstanter Zahlungen von $t = 1$ bis $t = n$ für einen einheitlichen Kalkulationszinssatz i (mit $q = 1 + i$) als

$$A = r = R_n \frac{q-1}{q^n - 1} = K_0 \frac{q^n(q-1)}{q^n - 1}$$

Anteil

Beteiligung an Ergebnis und Vermögen einer Personengesellschaft oder Kapitalgesellschaft.

Arbitrage Pricing Theory (APT)

1. *Begriff:* Kapitalmarkttheoretisches Modell zur Erklärung von Wertpapierrenditen und zur Ableitung von Handlungsalternativen; theoretische Alternative zum Capital Asset Pricing Model (CAPM).

2. *Grundlagen:* Ausgangspunkt ist die Annahme, dass die Rendite R eines Wertpapiers i von mehreren mikro- bzw. makroökonomischen Risikofaktoren F_j abhängt. Unterschiedliche Renditen der Wertpapiere resultieren aus den unterschiedlichen Sensivitäten β_{ij} gegenüber diesen Faktoren. Weitere Renditebestandteile sind eine risikounabhängige Erfolgskomponente a_i und ein Störfaktor ε_i. Es gilt somit:

$$R_i = a_i + F_1\beta_{i1} + F_2\beta_{i2} + F_n\beta_{in} + \varepsilon_i$$

Arbitragefreiheit wird im Marktzusammenhang dadurch erreicht, dass Wertpapiere, die dieselben Risiken aufweisen, auch dieselben Renditen erwarten lassen müssen. Die gleichgewichtige erwartete Rendite eines Wertpapieres i ergibt sich dabei aus den Risikoprämien $E(R_{Fj})$ – Rf für die Übernahme des Risikos aus den Faktoren F_j und den zugehörigen Sensitivitäten β_{ij}. Es gilt dann:

$$E(R_i) = R_f + \sum \left[E(R_{Fj}) - R_f \right] \beta_{ij}$$

wobei: R_f = risikoloser Zinssatz, $E(R_{Fj})$ = erwartete Rendite bezüglich des Faktors j, $j = 1, \ldots n$. In der Renditerwartung $E(R_i)$ spiegelt sich lediglich das systematische Risiko (Marktrisiko) wider. Das unsystematische Risiko (unternehmensspezifische Risiko), repräsentiert durch den Störfaktor ε_i, gilt als wegdiversifiziert.

3. *Praktische Bedeutung:* Die APT trägt der empirisch beobachtbaren Erkenntnis Rechnung, dass verschiedene Einflussfaktoren zu den Determinanten von Wertpapierrenditen zählen. Diese mehrdimensionale Risikomessung und einige gegenüber dem Capital Asset Pricing

Model weniger rigide Modellannahmen wie die Nichtexistenz einer Verteilungshypothese der Wertpapierrenditen erleichtern die praktische Anwendung. Die große Schwäche der APT besteht in der schwierigen Identifizierbarkeit der Risikofaktoren, was für die ökonomische Interpretierbarkeit von entscheidender Bedeutung ist. Problematisch ist unter anderem auch die Annahme des vollkommenen Kapitalmarktes.

Auseinandersetzungsbilanz

1. *Begriff:* Bilanz einer Personengesellschaft (Abschichtungsbilanz), die als Grundlage für die Auszahlung eines oder mehrerer Gesellschafter dienen soll. Das Ergebnis der Auseinandersetzungsbilanz ist das Auseinandersetzungsguthaben.

2. *Formen:* Die Auseinandersetzungsbilanz kann eine *Sonderbilanz* sein, d. h. sie kann speziell zum Zweck einer Auseinandersetzung aufgestellt werden. Das ist notwendig, wenn ein Gesellschafter im Laufe des Geschäftsjahres ausscheidet. Die Auseinandersetzungsbilanz kann ersetzt werden durch die Handelsbilanz am Ende des Geschäftsjahres. Im Gesellschaftsvertrag können Richtlinien vereinbart werden, die sowohl den Aufstellungszeitpunkt als auch die Bewertungsmaßstäbe für die Auseinandersetzungsbilanz festlegen.

3. *Bewertung/Besteuerung:* Da die Auseinandersetzungsbilanz eine interne Bilanz der Gesellschafter ist, sind die Gesellschafter in der Wahl der *Wertansätze* an keine handels- oder steuerrechtlichen Vorschriften gebunden. Vor dem Hintergrund der Unternehmungsbewertungslehre und der Rechtsprechung zur Ermittlung einer angemessenen Abfindung ist die Verwendung der Jahresbilanz problematisch. Nach heutiger Auffassung wird der Wert einer fortzuführenden Unternehmung (Unternehmungswert) und damit die Höhe des Auseinandersetzungsguthabens ausscheidender Gesellschafter von der Höhe der künftig erzielbaren Reinerträge bzw. Einnahmeüberschüsse bestimmt. Erhält der ausscheidende Gesellschafter mehr als den steuerlichen Buchwert seines Anteil, so erzielt er einen nach § 34 EStG ermäßigt besteuerten Gewinn (§ 16 I Nr. 2 EStG).

Ausgabenplan

Teil des Finanzplans einer Unternehmung, in dem die Aufstellung der in einem bestimmten Zeitraum voraussichtlich erforderlichen Ausgaben nach dem Prinzip der kameralistischen Buchführung (Sollzahlen, Istzahlen) erfolgt.

Ausgründung

1. *Begriff:* Überführung eines Teilbetriebs oder eines Betriebsteils aus einer als Einzelfirma, Personen- oder Kapitalgesellschaft bestehenden Unternehmung in eine dafür neu gegründete Gesellschaft.

2. *Zweck der Ausgründung:* Aufgabenteilung durch Gründung einer Doppelgesellschaft (Betriebsaufspaltung), Erlangung steuerlicher Vorteile.

3. *Steuerliche Auswirkungen:*

a) Ob eine Ausgründung zur Auflösung stiller Rücklagen (stiller Reserven) führt und damit *ertragsteuerliche* Konsequenzen hat, hängt von der Gestaltung ab. Die Aufdeckung und Besteuerung der stillen Reserven führen zu einer Liquiditätsbelastung, daher wird in der Regel versucht, für die Ausgründung die steuerneutralen Möglichkeiten des Umwandlungssteuergesetzes in Anspruch zu nehmen.

b) *Umsatzsteuerrechtlich* wird die Ausgründung als Geschäftsveräußerung im Ganzen behandelt und unterliegt daher nicht der Umsatzsteuer (§ 1 Ia UStG).

Ausschüttungsrate

Quotient aus der Ausschüttung auf Stammaktien und dem Jahresüberschuss nach Dividende auf Vorzugsaktien.

Außenfinanzierung

Marktfinanzierung; Art der Finanzierung, bei der Kapital „von außen" über den Kapitalmarkt und nicht über Netto-Erlöse auf Güter- und Leistungsmärkten einfließt.

Zu *unterscheiden* sind:

(1) zusätzliche Kapitaleinlagen des oder der bisherigen Unternehmer oder Beteiligungen Dritter an der Unternehmung (Eigenfinanzierung);

(2) Aufnahme von Krediten (Fremdfinanzierung).

Außergerichtlicher Vergleich

Ein Vergleich mit dem Zweck, im *Vereinbarungswege* mit den Gläubigern unter Ausschaltung des Gerichts Erlass oder Stundung der Schulden zu erreichen. Keine besondere gesetzliche Regelung. Wenn ein außergerichtlicher Vergleich zustande kommt, ist er als *Erlassvertrag* (§ 397 BGB) oder *Stundungsabrede* zwischen dem Schuldner und jedem einzelnen Gläubiger anzusehen. Ein außergerichtlicher Vergleich ist nur für die Gläubiger bindend, die zustimmen.

Bei juristischen Personen und Gesellschaften ohne Rechtspersönlichkeit befreit der Versuch eines außergerichtlichen Vergleichs nicht von der Pflicht, bei Zahlungsunfähigkeit oder Überschuldung Insolvenzantrag zu stellen (§15a I InsO). Durch einen außergerichtlichen Vergleich können die Insolvenzgründe ausgeräumt werden.

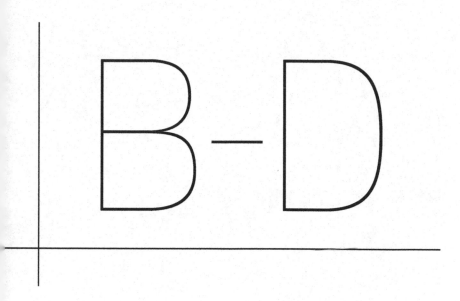

© Springer Fachmedien Wiesbaden GmbH, ein Teil von Springer Nature 2019
Springer Fachmedien Wiesbaden (Hrsg.), *280 Keywords Unternehmensfinanzierun*,
https://doi.org/10.1007/978-3-658-23633-5_2

Bankavis

Bei der Abwicklung eines Dokumentenakkreditivs: Mitteilung einer Bank (Akkreditivstelle = Bank des Exporteurs) an den Exporteur, dass zu seinen Gunsten ein Akkreditiv eröffnet wurde (Eröffnung des Akkreditivs durch die Akkreditivbank = Bank des Importeurs). Zusätzlich kann die Bank durch eine verbindliche Verpflichtungserklärung (Bestätigung) die Haftung für die Einlösung der Dokumente abgeben. Damit erhält der Exporteur Gewissheit über die Bezahlung seiner gelieferten Waren.

Bankspesen

Kosten bzw. Gebühren, die Kreditinstitute ihren Kunden für die Abwicklung von Bankgeschäften oder Dienstleistungen in Rechnung stellen. Entsprechend der Preisangabenverordnung (PAngV) haben Kreditinstitute dafür ein Preisverzeichnis aufzustellen.

Barabfindung

Begriff des Aktienrechts (vgl. §§ 327a,b AktG). Abfindung für ausscheidende (Minderheiten-)Aktionäre, z.B. bei Umwandlung, bei Eingliederung sowie bei Verschmelzung. Die Barabfindung muss angemessen sein. Für ihre Berechnung gelten die Hinweise zur Ermittlung des Umtauschverhältnisses im Rahmen der Verschmelzung sinngemäß.

Bargründung

Form der Gründung einer AG, bei der das Eigenkapital durch Geldeinlagen der Gründer aufgebracht wird.

Baufinanzierung

Finanzierung der Baukosten von Gebäuden (einschließlich der Kosten von Grund und Boden, Außenanlagen und Baunebenkosten) sowie die Vor- und Zwischenfinanzierung der endgültigen Baufinanzierungsmittel. Baufinanzierung ist in der Regel gemischte Finanzierung durch eigene und fremde Mittel.

I. Eigenfinanzierung

Eigenes Geld- oder Sachkapital (in der Regel eigenes Grundstück) oder Eigenleistung (persönlich oder gemeinschaftlich erbrachte Bauleistungen) bzw. angespartes Guthaben auf einen Bausparvertrag.

II. Fremdfinanzierung

1. *Hypothekendarlehen* (Hypothekarkredit) gewähren Realkreditinstitute, Banken und Sparkassen, Versicherungsunternehmungen, Bausparkassen an Bausparer und Private sowie für den sozialen und öffentlich geförderten Wohnungsbau die Sozialversicherungsträger für ihre Mitglieder. Die Darlehen betragen im ersten Rang in der Regel 60 Prozent der Gesamtkosten, bei gewerblichen Bauvorhaben werden zudem Abschläge vorgenommen. Bei der Möglichkeit, die dingliche Sicherung durch öffentliche Bürgschaften zu ergänzen, kann sich die Beleihungsgrenze erhöhen. Laufzeiten für Hypotheken zwischen zehn und zwanzig Jahren (Annuitätentilgung) liegen bei meist 1 Prozent Tilgung und Zinsen je nach Kapitalmarktlage.

2. *Bundesbaudarlehen* für Sonderprogramme, z. B. Bundesumsiedlungs-, Versuchs- und Vergleichsbautenprogramm.

3. *Landesbaudarlehen* für Länder- und Bundesprogramme, z. B. Industrieschwerpunktprogramme.

4. *Kommunaldarlehen* für Landes- und Kommunalprogramme, z. B. Stadtsanierung. Anstelle von Darlehen auch öffentliche Bürgschaften mit Zinszuschüssen und Annuitätsbeihilfen (Zinssubvention statt Kapitalsubvention).

5. *Restfinanzierungsmittel* sind besonders Arbeitgeberdarlehen, Mieterdarlehen, Baukostenzuschüsse, Mietvorauszahlungen oder Verwandtendarlehen.

III. Bauzwischenfinanzierung

Zwischenfinanzierungsbedarf tritt auf, wenn

(1) Eigenkapital ungenügend oder nicht bei Baubeginn vorhanden ist;

(2) Belastungsreife des Baugrundstückes fehlt;

(3) Auszahlungsbedingungen für das Fremdkapital ungünstig sind.

Bauzwischenfinanzierung wird übernommen durch besondere Kreditinstitute gegen Abtretung der Auszahlungsansprüche aus dem Darlehens-
vertrag, ferner durch eigene Baufinanzierungsinstitute, meist im Rahmen
einer Baubetreuung (z. B. Heimstätten-Gesellschaften oder ähnliche Bau-
trägerunternehmen) oder durch Banken und Sparkassen, unter Umständen durch den Hypothekengeber selbst zu besonderen Bedingungen.

Bedingte Kapitalerhöhung

Erhöhung des Grundkapitals einer Aktiengesellschaft (Kapitalerhöhung),
die nur soweit durchgeführt werden soll, wie von einem Umtausch- oder
Bezugsrecht Gebrauch gemacht wird, das die Gesellschaft auf die neuen
Aktien (Bezugsaktien) einräumt (§ 192 AktG). Das Grundkapital ist erst
mit der Ausgabe der Bezugsaktie erhöht. Zweck der bedingten Kapitalerhöhung ist in der Regel die Gewährung von Umtausch- und Bezugsrechten an Gläubiger von Wandelschuldverschreibungen. Der Nennbetrag
des bedingten Kapitals darf dabei die Hälfte des Grundkapitals nicht
überschreiten.

Belegschaftsaktien

Mitarbeiterkapitalbeteiligung; Arbeitnehmeraktien.

I. Begriff

Aktien, durch die die Belegschaft am Grundkapital der arbeitgebenden
Unternehmung (Arbeitgeber) beteiligt ist. Ausgabe von Belegschaftsaktien, um die Vermögensbildung der Arbeitnehmer zu fördern. Der Erwerb
von Belegschaftsaktien wird oft durch den Arbeitgeber animiert bzw.
auch erleichtert, z. B. durch Stundung des marktüblichen Kaufpreises,
Umwandlung eines Gewinnanteils in Belegschaftsaktien, unentgeltliche
Überlassung der Belegschaftsaktien.

Vorteile:

(1) Für die Unternehmung: Stärkung der Arbeitnehmerinteressen an den
Unternehmenszielen, erhöhte Identifikation mit dem Unternehmen;

(2) für den Arbeitnehmer: Erfolgsbeteiligung und Kapitalbeteiligung am
Unternehmen, Reservenbildung.

Nachteile:

(1) Für das Unternehmen: bei schlechter Ertragslage Störungen des Betriebsklimas;

(2) für den Arbeitnehmer: Risikoerhöhung in Krisenzeiten.

II. Rechtliche Behandlung

1. Nach § 71 AktG darf eine Aktiengesellschaft *eigene Aktien* bis zur Höhe von 10 Prozent des Grundkapitals erwerben, unter anderem zu dem Zweck, sie den Arbeitnehmern der Gesellschaft zum Erwerb anzubieten.

2. Belegschaftsaktien können auch im Weg der bedingten Kapitalerhöhung geschaffen werden durch Gewährung von Bezugsrechten an Arbeitnehmer der AG (§ 192 AktG).

3. Ausgabe von Belegschaftsaktien durch *genehmigtes Kapital* (§§ 202 IV, 204 III AktG) möglich.

III. Steuerliche Behandlung

Werden Belegschaftsaktien ausgegeben und wird dabei den Arbeitnehmern ein Vorzugskurs eingeräumt, so ist der für den Kauf eingeräumte Preisvorteil Arbeitslohn, weil die Preisverbilligung einen geldwerten Vorteil darstellt, der dem Arbeitnehmer aufgrund des Arbeitsverhältnisses zufließt. Nach der Regelung des § 3 Nr. 39 EStG können die geldwerten Vorteile aus der unentgeltlichen oder verbilligten Überlassung von bestimmten Vermögensbeteiligungen nach dem Fünften Vermögensbildungsgesetz bis zu einer Höhe von 360 Euro (Freibetrag, nicht nur Freigrenze) steuerfrei bleiben, soweit der Vorteil freiwillig vom Arbeitgeber zusätzlich zum ohnehin geschuldeten Arbeitslohn gewährt wird.

Besicherung

Vorkehrung, die in der Verschaffung der Verfügungsmacht besteht und den Gläubiger in die Lage versetzt, seinen Anspruch durch Zugriff auf das Sicherungsgut zu befriedigen.

Beta-Koeffizient

Beta-Faktor; Ausdruck für den Zusammenhang zwischen der Rendite eines Wertpapiers und der Rendite des Marktportefeuilles (Capital Asset

Pricing Model (CAPM)). Der Beta-Koeffizient stellt hierbei eine prozentuale Veränderung der Rendite eines Wertpapiers auf eine einprozentige
Renditeänderung des Marktportefeuilles dar und indiziert das Marktrisiko
(= systematisches Risiko) eines Wertpapiers bzw. eines Investitionsobjekts.

Der Beta-Koeffizient ergibt sich als relativierte Risikohöhe des Wertpapiers i zum Marktportefeuille m aus der Relation der Kovarianz der Renditen *i* und *m* und der Varianz der Rendite von *m*:

$$\beta_i = \frac{\text{cov}(R_j, R_m)}{\text{var}(R_m)}$$

Beteiligung

I. Charakterisierung

1. *Begriff:* Mitgliedschaftsrecht, das durch Kapitaleinlage (Geld- oder
Sacheinlage) bei einer Gesellschaft erworben wird.

2. *Formen:*

a) *Beteiligung eines Einzelnen:*

(1) Beteiligung ohne Gesellschaftscharakter, juristisch nach allgemeinen
Rechtsnormen zu beurteilen: partiarische Darlehen.

(2) Beteiligung mit Gesellschaftscharakter aufgrund von besonderen Ge-
setzesnormen (insbesondere: BGB, HGB, AktG, GmbHG, GenG, Part-
nerschG): Personengesellschaften, Kapitalgesellschaften.

b) *Beteiligung einer Unternehmung:* Ganze Unternehmungen sind zu einem
über der einzelnen Unternehmung stehenden Organismus vereinigt:

(1) Beteiligung mit dem Ziel gegenseitiger wirtschaftlicher Förderung (In-
teressengemeinschaften).

(2) Beteiligung zwecks Beherrschung:

(a) einfache *Beteiligung* einer Unternehmung an einer anderen (z. B. Tochtergesellschaften);

(b) Verflechtung mehrerer Unternehmungen (Konzerne).

Beherrschung bei der AG in drei *Stufen:*

(1) Sperrminorität: über 25 Prozent der Stimmen (Verhindern von Haupt-versammlungs-Beschlüssen, die eine 3/4-Mehrheit erfordern);

(2) Majorität: über 50 Prozent (absolute Mehrheit);

(3) völlige Beherrschung: 75 Prozent (Durchsetzung praktisch aller Be-schlüsse der Hauptversammlung).

II. Handelsrecht

1. *Partiarische Darlehen* werden unter Darlehen aufgeführt, die Einlage des *Stillen Gesellschafters* geht in das Vermögen des Geschäftsinhabers ein (§ 230 HGB).

2. Beteiligung als Gesellschafter einer *Personen- oder Kapitalgesellschaft* wird als Eigen-, Stamm- oder Grundkapital ausgewiesen.

3. *Handelsrechtlich* sind bei Kapitalgesellschaften Beteiligungen nur solche Anteile an anderen Unternehmen, die dem eigenen Geschäftsbetrieb durch Herstellung einer dauernden Verbindung zu dienen bestimmt sind (verbundene Unternehmen); Einzelheiten in § 271 I HGB.

III. Steuerrecht

Als Beteiligung gilt der Besitz von Gesellschafts-, Bohr- und Genossen-schaftsanteilen, Aktien, Einlagen etc. Als *wesentliche Beteiligung* gilt ein Anteil von mehr als 1 Prozent am Kapital einer Kapitalgesellschaft (§ 17 I EStG.

1. a) *Beteiligung an Kapitalgesellschaften* haben allgemein das Problem der Doppelbesteuerung, was dazu führt, dass in zahlreichen Staaten für Be-teiligungen besondere Bestimmungen gelten, die eine vom Rest des Kapi-tals und der Kapitalerträge abweichende Behandlung vorsehen.

b) *Beteiligungen an Personengesellschaften* werden nach deutschem Steu-errecht nicht als selbstständige Wirtschaftsgüter betrachtet, sodass es hier in der Regel keine doppelte Erfassung auf zwei Ebenen geben kann.

2. *Einkommen- und Körperschaftsteuer:*

a) Bei Ausschüttungen und bei Veräußerungen von Beteiligungen im Be-triebsvermögen sowie bei wesentlichen Beteiligungen im Privatvermögen kommt das Teileinkünfteverfahren zur Anwendung. Der steuerfreie Teil beträgt dabei 40 Prozent; Verluste sind in Höhe von 60 Prozent zu berücksichtigen. Dividenden aus Beteiligungen im Privatvermögen unterliegen als Einkünfte aus Kapitalvermögen grundsätzlich der Abgeltungsteuer (25 Prozent). Sonderregelungen sind im Rahmen der privaten Veräußerungsgeschäfte zu berücksichtigen.

b) Erträge aus Beteiligung an einer Personengesellschaft werden bei dieser gesondert festgestellt und anschließend bei der Einkommen- bzw. Körperschaftsteuer den Einkünften der betreffenden Gesellschafter zugerechnet.

3. *Gewerbesteuer:* Objekt der Gewerbesteuer ist idealtypisch der Ertrag des Betriebes:

a) Für Erträge des Gewerbebetriebs aus *Beteiligungen an Kapitalgesellschaften* ist eine traditionelle Mindestbeteiligungsquote von 15 Prozent nötig. Beträgt die Beteiligung 15 Prozent und mehr, so werden die Gewinnanteile im Betrieb des Eigentümers der Beteiligung vollständig steuerbefreit; beträgt sie dagegen weniger als 15 Prozent, so wird der Ertrag aus der Beteiligung vollständig steuerpflichtig.

b) *Gewinnanteile eines stillen Gesellschafters aus seiner Beteiligung* können einkommensteuerlich unter bestimmten Umständen Betriebsausgabe des Betriebsinhabers sein, gehören aber zur Ertragskraft des gewerblichen Betriebs. Dabei wird der Gewinnanteil in Höhe von 25 Prozent hinzugerechnet.

4. *Grunderwerbsteuer:* Wer eine Beteiligung an einer Kapitalgesellschaft direkt oder indirekt auf eine Quote von 95 Prozent oder mehr aufstockt, hat für sämtliche Grundstücke dieser Gesellschaft Grunderwerbsteuer zu entrichten (§ 1 III GrEStG).

5. *Sonstiges:* Wer eine Beteiligung an einer ausländischen Personengesellschaft erwirbt, aufgibt oder (z. B. in Hinblick auf seine Beteiligungsquote) verändert, hat dies den Finanzbehörden anzuzeigen (§ 138 II Nr. 2 AO). Ebenso ist der Erwerb einer Beteiligung an einer beschränkt steuerpflichtigen juristischen Person ab einer Beteiligungsquote meldepflichtig, wenn die erreichte Beteiligung insgesamt Anschaffungskosten von mehr als 150.000 Euro hat oder die Beteiligungsquote mindestens 10 Prozent erreicht (§ 138 II Nr. 3 AO).

Beteiligungsfinanzierung

1. *Begriff:* Sammelbezeichnung für alle Formen gesellschaftlicher Beschaffung von Eigenkapital durch Kapitaleinlagen von Gesellschaftern der Unternehmung. Die Rechtsfolgen der Beteiligungsfinanzierung wie Mitwirkung an der Geschäftsführung, Gewinn- und Verlustbeteiligung sowie Haftung für die Verbindlichkeiten sind nach der Unternehmungsform gesetzlich geregelt oder vertraglich zu vereinbaren.

2. *Finanzierungsmittel zur* Beteiligungsfinanzierung:

(1) Einlagen,

(2) Aktien,

(3) Genossenschaftsanteile,

(4) Bohranteile,

(5) Schiffsparts des Kapitalgebers.

3. *Beteiligungen* am Gewinn (bei Kapitalgesellschaften und Genossenschaften in Form der Dividende, sonst als Gewinnausschüttung) und gegebenenfalls am Liquidationserlös sind vertraglicher Vereinbarung zugänglich.

4. *Mischformen* zwischen Beteiligungsfinanzierung und Fremdfinanzierung werden in der Gewinnobligation gesehen (d. h. Schuldverschreibungen mit erfolgsabhängiger Verzinsung) sowie in der Wandelanleihe und auch in zweckgebundenen Rücklagen für soziale Zwecke.

5. Für die Kapitalgeber gehört die Beteiligung zum *Finanzanlagevermögen*, sofern es sich um eine dauernde Beteiligung handelt.

6. *Steuerrechtliche Behandlung:* Beteiligung, Organschaft, Schachtelprivileg.

Betriebserfolgselastizität

Kennzahl für die Reagibilität des ordentlichen Betriebserfolgs auf Umsatzvariationen:

$$B = \frac{\Delta \text{ ordentlicher Betriebserfolg} \cdot \text{Umsatz}}{\Delta \text{ Umsatz} \cdot \text{ordentlicher Betriebserfolg}}$$

Business Angels

Vermögende Privatpersonen, die eigenes Geld, Zeit oder beruflich erworbene Kompetenzen unter anderem in der Hoffnung auf einen finanziellen Gewinn in junge Unternehmen (Start-up-Unternehmen) investieren und damit an den Risiken und Chancen der Unternehmensentwicklung teilhaben.

Businessplan

Geschäftsplan, Geschäftskonzept; Beschreibung von unternehmerischen Vorhaben, in denen die unternehmerischen Ziele, geplante Strategien und Maßnahmen sowie die Rahmenbedingungen der Geschäftstätigkeit dargestellt werden. Der Businessplan soll im Wesentlichen die unterschiedlichen Phasen der Unternehmensentwicklung mit besonderer strategischer Bedeutung darstellen. Typischerweise wird ein Businessplan im Rahmen von Unternehmensgründungen, bei der Einführung von neuen Produkten oder zur Einleitung von Umstrukturierungsmaßnahmen erstellt. In diesem Zusammenhang soll der Businessplan verschiedene Funktionen erfüllen, z. B. die Prüfung der Durchführbarkeit des Vorhabens, die Kommunikation mit potenziellen Finanzierungs- oder Kooperationspartnern sowie die Planung und Kontrolle des unternehmerischen Vorhabens im Rahmen eines nachträglichen Soll-Ist-Vergleichs. Ein Businessplan besteht idealerweise zunächst aus einer Executive Summary, die in prägnanter Form komprimierte Auskunft über das Vorhaben gibt. Anschließend werden die geplanten Produkte und/oder Dienstleistungen beschrieben, das Management vorgestellt, der Markt und Wettbewerb analysiert, Aussagen zu Marketing und Vertrieb getroffen, benötigtes Personal und die Organisationsstruktur skizziert, wichtige Realisierungsschritte beschrieben, Chancen und Risiken diskutiert, die Finanzplanung dargestellt und Aussagen zu Kapitalbedarf und Finanzierungsalternativen getroffen.

Capital Asset Pricing Model (CAPM)

1. *Begriff:* Auf der Portefeuilletheorie (Portfolio Selection) basierendes Modell des Kapitalmarktes zur Erklärung von Wertpapierrenditen und zur Ableitung von Handlungsempfehlungen; theoretische Alternative unter anderem zur Arbitrage Pricing Theory (APT).

2. *Grundlagen:* Dem CAPM liegt die Erkenntnis der Portefeuilletheorie zugrunde, dass sich durch Mischung von Wertpapieren *(Diversifikation)* deren Risiko (Renditeschwankungen) reduzieren lässt, sofern die Renditen nicht vollständig positiv korreliert sind. Unter der Annahme *risikoscheuer Investoren* sind all jene Mischungen effizient, die bei gegebener Renditeerwartung ein minimales Risiko bzw. bei gegebenem Risiko eine maximale Renditeerwartung aufweisen. Die Überleitung zum Kapitalmarktmodell erfolgt durch die explizite Einbeziehung eines *vollkommenen Kapitalmarktes,* an dem besonders Kapital zum gleichen Zinssatz risikolos angelegt und aufgenommen werden kann und alle Marktteilnehmer über homogene, d. h. gleichartige Erwartungen hinsichtlich aller relevanten Momente von Wertpapierrenditen verfügen. Hieraus resultiert eine einzige effiziente Struktur der Portefeuilles riskanter Wertpapiere, die im Gleichgewicht der Struktur des Marktportefeuilles (des Gesamtangebots riskanter Wertpapiere entspricht) und unabhängig vom Grad der Risikoscheu des Investors ist *(Tobin-Separation).* Jede andere Portefeuillestruktur riskanter Wertpapiere weist bei gleicher Renditeerwartung ein höheres Risiko auf und ist daher ineffizient. Als effizientes Gesamtportefeuille ergibt sich somit stets eine Mischung aus risikoloser Kapitalanlage und dem *Marktportefeuille.* Welche Mischung gewählt wird, ist vom Grad der Risikoscheu des Investors abhängig. Durch die Einbeziehung des Kapitalmarktes lässt sich anhand der sogenannten Kapitalmarktlinie ein linearer Zusammenhang zwischen dem Risiko (gemessen als Standardabweichung der Wertpapierrendite σ_p) eines effizienten Gesamtportefeuilles p und seiner Renditeerwartung $E(R_p)$ herstellen (vgl. Abbildung „Kapitalmarktlinie").

CAPM – Kapitalmarktlinie

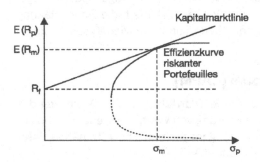

Die Steigung kann als Preis für eine Risikoeinheit, σ_p als Risikohöhe inter-
pretiert werden. Das Produkt aus beidem gibt dabei die *Risikoprämie* für
die Übernahme des Risikos an. Für die Kapitalmarktlinie gilt formal:

$$E(R_p) = R_f + \left(\frac{\left(E(R_m) - R_f\right)}{\sigma_m} \right) \sigma_p$$

wobei: $E(R_p)$ = Renditeerwartung eines effizienten Gesamtportefeuilles p,
R_f = risikoloser Zinssatz, $E(R_m)$ = Renditeerwartung des Marktportefeuilles, σ_p = Standardabweichung der Rendite des Marktportefeuilles,
$?p$ = Standardabweichung der Rendite des effizienten Gesamtportfeuilles
p. Die Effizienzkurve riskanter Portefeuilles gibt die effiziente Mischung
von Wertpapieren ohne Einbeziehung der risikolosen Geldanlage an.

Für die Bewertung eines einzelnen Wertpapiers ist dessen Renditeerwartung $E(R_i)$ in Abhängigkeit von der relativierten Risikogröße β_i als Wertpapierlinie (oder Wertpapiermarktlinie) aus dem Gesamtportefeuille zu
isolieren (vgl. Abbildung „Wertpapierline").

CAPM – Wertpapierlinie

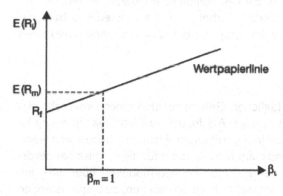

Formal gilt:

$$E(R_i) = R_f + \left(E(R_m) - R_f\right)\beta_i$$

Die relativierte Risikohöhe β_i wird als Beta-Faktor (Beta-Koeffizient) bezeichnet und bringt das Risiko des Wertpapiers i im Verhältnis zum

Marktportefeuille zum Ausdruck, gemessen als Quotient aus der Kovarianz der Renditen des Marktportefeuilles und des Wertpapiers i und der Varianz der Rendite des Marktportefeuilles (cov_{im}/σ^2_m). Im Beta-Faktor ist nur das systematische Risiko (Marktrisiko) enthalten. Das unsystematische (unternehmensspezifische) Risiko gilt als wegdiversifiziert.

3. *Praktische Bedeutung:* Die praktische Anwendung ist durch teils restriktive Annahmen des Modells wie etwa die homogener Erwartungen erschwert. Ferner wird zur Bestimmung der Renditeerwartungswerte in der Regel auf Vergangenheitswerte zurückgegriffen. Dies impliziert jedoch im Zeitablauf konstante Eigenschaften von Wertpapierrenditen. Real sind hier Veränderungen zu beobachten, weshalb eine Bewertung bei Verwendung historischer Daten häufig fehlerhaft ist. Infolge dieser Probleme findet der Gedanke der Risikostreuung (Diversifikation) zwar in zahlreichen Wertpapierfonds seinen Niederschlag, doch weisen diese vielfach völlig unterschiedliche Strukturen auf und weichen von einem einheitlichen Marktportefeuille ab. Als Stellvertreter für das Marktportefeuille werden häufig Indizes wie etwa der Deutsche Aktienindex (DAX) herangezogen. Auf der Grundlage einer sicheren Datenbasis stellt das CAPM in der Praxis ein wichtiges Instrument zur Feststellung der Überbewertung (Renditeerwartung des Wertpapiers unterhalb der Wertpapierlinie) bzw. der Unterbewertung (Renditeerwartung oberhalb der Wertpapierlinie) eines Wertpapiers dar.

Cash Management

1. *Begriff:* Steuerung der täglichen Gelddisposition eines Unternehmens (gegebenenfalls auch untertägig). Als Instrument der Finanzplanung ist das Cash Management kurzfristig mit einem Planungshorizont von wenigen Tagen ausgerichtet und plant die Liquidität für die unmittelbar bevorstehenden Tage anhand der verfügbaren Informationen über ein- und ausgehende Zahlungsströme auf den verschiedenen, zu disponierenden Konten.

2. *Zielsetzungen:* Hauptaufgabe ist die störungsfreie Abwicklung des Zahlungsverkehrs auf der Grundlage der bei den einzelnen Kreditinstituten eingeräumten Kreditlinien sowie die kurzfristige Anlage überschüssiger Liquidität. Von der Kreditwirtschaft wird Cash Management im Rahmen

des Electronic Banking als Dienstleistung zur Unterstützung und Optimierung der kurzfristigen Finanzwirtschaft des Kunden angeboten. Cash
Management unterstützt dabei Unternehmen bei der Planung, Steuerung,
Disposition und Kontrolle kurzfristiger Finanz- und Liquiditätspositionen
sowie der Kassenhaltung. Informationsmodule steuern den Zahlungsver-
kehrsdatenaustausch, die Darstellung aktueller Kontostände (auch valu-
tarisch geordnet) sowie Verfügungen zulasten von Konten unter Auswahl
der Zahlungsart und Währung bei Auslandstransfers. Auch die Banken
und Sparkassen selbst nutzen das Cash Management für die Disposition
ihrer eigenen Konten bei in- und ausländischen Kreditinstituten – besonders bei Zentralbanken. Dies hat das Ziel einer möglichst knappen Liqui-
ditätshaltung bzw. einer günstigen Anlage liquider Mittel sowie einer zeit-
gerechten Abwicklung ihres Zahlungsverkehrs aus dem Kundengeschäft
und Eigengeschäft.

Cash Pool

Zielkonto der im Rahmen des Cash Management täglich zusammenge-
fassten Zahlungsverkehrskonten eines Unternehmens. Ziel der Bildung
eines Cash Pools ist es, die Sollzinsen auf den Unternehmenskonten durch
Saldierung aller Kontenstände auf dem Zielkonto zu reduzieren.

Cashflow

I. Begriff/Arten

1. *Begriff:* Finanzielle Stromgröße, die den in einer Periode erfolgswirksam
erwirtschafteten Zahlungsmittelüberschuss angeben soll. Er wird abgeleitet aus den Daten des Jahresabschlusses, besonders der Gewinn- und
Verlustrechnung (GuV). Der Cashflow ist Ausdruck (Indikator) der In-
nenfinanzierungskraft eines Unternehmens (Innenfinanzierung).

2. *Arten:*

a) *Net Operating* Cashflow: misst den Einzahlungsüberschuss aus den
Produktions- und Absatztätigkeiten der Periode;

b) *gesamter* Cashflow: erfasst auch die durch Finanzierungsentscheidungen sowie durch Investitions- und Ausschüttungsentscheidungen ausgelösten Ein- und Auszahlungen.

II. Systematik der Cashflow-Analyse

Netto-Umsatzerlöse
- Materialaufwand
- Löhne und Gehälter, einschließlich soziale Abgaben
- Steuern
- erforderliches Betriebskapital
= Net Operating Cashflow
- Rückzahlung von Fremdmitteln
- Zinszahlungen
+ erhaltene Rückzahlungen aus Ausleihungen
+ erhaltene Zinszahlungen, Dividendenzahlungen
= vorläufig verfügbare Mittel für Ausschüttung und Investition
- Investitionsauszahlungen
+ Verkauf von Gegenständen des Anlagevermögens
= Free Cashflow
+ Aufnahme langfristiger Fremdmittel
- Rückkauf von Obligationen
-Tilgung von Fremdmitteln
+ Ausgabe von Aktien, Obligationen etc.
- Dividendenzahlungen
= gesamter Cashflow
+ kurzfristige Verbindlichkeiten
- Wertpapiere des Umlaufvermögens, Forderungen an Banken etc.
= Kasse im engeren Sinne

III. Beurteilung

Die Cashflow-Analyse erlaubt gute Einsichten in die Aktivitäten von Unternehmen. Weil die Cashflow-Analyse aber historische Daten verarbeitet, ist ihr Prognosewert begrenzt.

Charakteristische Linie

Regressionsgerade, die aus Vergangenheitswerten der Rendite eines Wertpapiers und der Rendite des Marktportefeuilles (Capital Asset Pricing Model (CAPM)) abgeleitet wird. Die Steigung der charakteristischen Linie wird durch den Beta-Koeffizienten (Beta-Faktor) repräsentiert. Die charakteristische Linie eines Wertpapiers Aktie zeigt die typische Reaktion der Rendite in Abhängigkeit der Marktentwicklung.

Corporate Finance

1. *Allgemein*: (angelsächsische) Bezeichnung für Unternehmensfinanzierung. Im angelsächsischen Raum liegt der Schwerpunkt der Betrachtung auf organisierten Kapitalmärkten, sodass überwiegend Aktien und Anleihen behandelt werden.

2. *Geschäftsfeld* im Investmentbanking: Beratungsleistungen, die sich mit der Restrukturierung der Kapitalseite befassen, besonders mit Maßnahmen der Eigenfinanzierung.

Darlehensfinanzierung

Zusammenfassende Bezeichnung für die Formen der Kapitalbeschaffung durch Aufnahme von Darlehen von externen Kapitalgebern (Fremdfinanzierung).

Denomination

Form der Kapitalherabsetzung bei der AG: Herabsetzung des Nennwertes der Aktien.

Disintermediation

1. *Allgemein:* Ausschalten von Zwischenstufen auf dem Weg des Produktes (Ware oder Dienstleistung) vom Hersteller zum Verbraucher.

2. *Handel:* Direktvertrieb des Herstellers an den Verbraucher unter Umgehung des Groß- und Einzelhandels (Direct Marketing).

3. *Bankwesen:* Verzicht auf Banken (Finanzintermediäre) und ihre Dienstleistungen bei der privaten und Unternehmensfinanzierung. Kapitalsuchende erfüllen ihre Finanzierungserfordernisse nicht mit Bankkrediten, sondern nehmen Kredite unmittelbar bei Kapitalanlegern auf, und Kapitalanleger investieren nicht in Termin- oder Spareinlagen bzw. andere Refinanzierungsinstrumente der Banken, sondern nehmen ihre Geldanlage direkt bei Kapitalsuchenden vor. Das Zusammenbringen von Kapitalangebot und -nachfrage kann z. B. über Crowdfunding-Plattformen erfolgen.

Dividendenthese

Besagt, dass der Marktwert eines Unternehmens nur von den künftigen Ausschüttungen (Dividende) und der Marktrendite (d.h. dem Satz, den Anleger alternativ erzielen können; Rendite) abhängt. Eine *Gegenthese* ist die Gewinnthese.

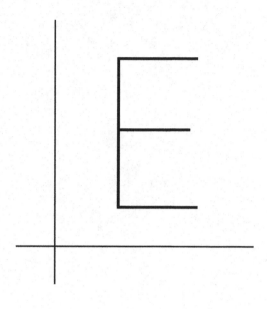

Springer Fachmedien Wiesbaden (Hrsg.), *280 Keywords Unternehmensfinanzierun*,
https://doi.org/10.1007/978-3-658-23633-5_3

Earnings before Interest and Taxes (EBIT)

Operating Income, Operating Profit; Gewinn (Ergebnis der gewöhnlichen Geschäftstätigkeit) vor Zinsen (Finanzergebnis) und Ertragsteuern.

Earnings before Interest and Taxes (EBIT) ist eine im angelsächsischen Raum gebräuchliche Kennzahl, die eine von der Finanzstruktur des Unternehmens unabhängige Beurteilung der Ertragskraft aus der operativen Geschäftstätigkeit ermöglicht (ähnlich dem in Deutschland üblichen Betriebsergebnis). Dadurch kann zwischen Unternehmen mit unterschiedlichen Fremdkapitalanteilen Vergleichbarkeit hergestellt werden.

Earnings before Interest, Taxes, Depreciation and Amortization (EBITDA)

Gewinn (Ergebnis der gewöhnlichen Geschäftstätigkeit) vor dem Abzug von Zinsen, Steuern und Abschreibungen auf Sachanlagen und immaterielle Vermögensgegenstände. Das EBITDA soll Abschreibungspolitik, Verschuldungsgrad und Steuereffekte (unter anderem latente Steuern) ausschalten und dadurch bessere Vergleiche erlauben.

Earnings before Taxes (EBT)

Kennzahl, die den Vergleich der Ertragskraft von Unternehmen bereinigt um die Verzerrungen unterschiedlicher (Erfolgs-)Steuersysteme ermöglicht. Das Earnings before Taxes (EBT) wird errechnet, indem von den Earnings before Interest and Taxes (EBIT) der Saldo aus Zinserträgen und Zinsaufwendungen abgezogen wird.

Effizienz des Kapitalmarkts

1. *Dimensionen:* Kapitalmarkteffizienz ist zu untergliedern in Marktorganisationseffizienz, Informationseffizienz und Allokationseffizienz. In dieser Reihenfolge ist die Erfüllung der einzelnen Subkategorien als notwendige, nicht aber hinreichende Bedingung für die Erfüllung der nächsthöheren Effizienz anzusehen.

2. *Definition:* Als Kapitalmarkteffizienz im engeren Sinne kann die *Informationseffizienzhypothese,* zurückgehend auf Eugene F. Fama (1965), angese-

hen werden. Ein Kapitalmarkt ist in diesem Sinne bezüglich einer Informationsmenge effizient, wenn basierend auf diesen Informationen durch Anlagestrategien keine dauerhaften Gewinne (Überrenditen) zu erzielen sind. Dies erfordert die unverzügliche Einpreisung neuer Informationen in den Marktpreis und impliziert die Unmöglichkeit von Prognosen über zukünftige Kursverläufe auf Basis dieser Informationsmenge.

3. *Informationseffizienzhypothesen:*

a) *Schwache Informationseffizienzhypothese:* Sämtliche historischen marktrelevanten Informationen sind in dem aktuellen Marktpreis berücksichtigt.

b) *Mittelstrenge Informationseffizienzhypothese:* Sämtliche öffentlich verfügbaren marktrelevanten Informationen sind in dem aktuellen Marktpreis eingepreist.

c) *Strenge Informationseffizienzhypothese:* Zusätzlich sind auch nicht öffentlich zugängliche marktrelevante Informationen bereits in dem aktuellen Marktpreis antizipiert. Die Erfüllung der jeweils schwächeren Formen der Informationseffizienz ist wiederum Voraussetzung für die Erfüllung der nächsthöheren Effizienzstufe.

4. *Bedeutung:* Der Informationseffizienz eines Kapitalmarktes kam seither in den Bereichen der Wertpapieranalyse (technisch vs. fundamental), Wertpapierbewertung und der Performanceanalyse eine entscheidende Rolle zu. Ihre hohe Relevanz beweist sich in zahlreichen empirischen Studien zu dieser Fragestellung (beispielsweise Event Studies). Aktuell ist die Kapitalmarkteffizienz in der Diskussion durch den Hochfrequenzhandel (automatisierte Handelsverfahren mit ultrakurzen Reaktionszeiten).

Eigener Wechsel

Solawechsel; Eigenwechsel; Wechsel, bei dem sich der Aussteller selbst zur Zahlung des Wechselbetrags verpflichtet. Damit ist der Aussteller Hauptschuldner des Wechsels (im Gegensatz zum gezogenen Wechsel). Die rechtlichen Grundlagen für den eigenen Wechsel regelt das Wechselgesetz (Art 75 ff. WG). Eigene Wechsel werden z. B. zur Sicherung von Forderungen und Leistungen eingesetzt (Sicherheitswechsel bzw. Depotwechsel). Nicht mehr üblich sind Schatz- und Vorratsstellenwechsel, die von Bund und Ländern für vorübergehende Finanzierungszwecke verwendet wurden.

Eigenfinanzierung

Finanzierung, die der Beschaffung von Eigenkapital dient. Der Kapitalüberlassungsvertrag sieht dabei erfolgsabhängige Zahlungen des Unternehmens an die (Eigen-)Kapitalgeber vor, deren Rang den Ansprüchen der Fremdkapitalgeber (Fremdfinanzierung) nachgeordnet ist. An die Stelle von Tilgungsvereinbarungen treten Vereinbarungen über Abfindungen beim Ausscheiden der Eigenkapitalgeber bzw. den Ansprüchen der Fremdkapitalgeber nachgeordnete Ansprüche auf Teile des Liquidationserlöses. Aufgrund des höheren Risikos wegen der ausgeprägten Erfolgsabhängigkeit der Zahlungen (Dividenden, Ausschüttungen, Gewinnentnahmen) fordern Eigenkapitalgeber bei der Eigenfinanzierung einen höheren Erwartungswert der Rendite als Fremdkapitalgeber.

Eigenkapitalbedarf

Notwendigkeit der Beschaffung von Eigenkapital (Eigenkapitalfinanzierung). Eigenkapitalbedarf besteht bei Unternehmensgründungen (Ingangsetzungsfunktion von Eigenkapital), da unter anderem wegen des Fehlens von Sicherheiten und laufender Cashflows klassische Kreditfinanzierung in der Regel nicht anwendbar ist. Ein Eigenkapitabedarf entsteht aber auch bei bestehenden Unternehmen, wenn aufgrund eines hohen Verschuldungsgrades kein weiteres Fremdkapital beschafft werden kann, weil die Gläubiger nicht bereit sind, (weiteres) Risiko zu übernehmen (Funktion der Risikoübernahme von Eigenkapital).

Eigenkapitalkostensatz

Der von den Anteilseignern einer Unternehmung geforderte Erwartungswert der Rendite auf die von ihnen überlassenen Mittel.

Eigenkapitalquote

Anteil des Eigenkapitals am Gesamtkapital, stark branchen- und bewertungsabhängige Kennzahl zur Beurteilung der finanziellen Stabilität und Unabhängigkeit eines Unternehmens.

Einheitsgründung

Simultangründung, Übernahmegründung; nach deutschem Aktienrecht geltende Form der Gründung einer AG, bei der die Gründer das gesamte Grundkapital (Aktien) übernehmen.

Einlagefazilität

Die Geschäftsbanken können die Einlagefazilität nutzen, um bei den nationalen Zentralbanken Guthaben bis zum nächsten Geschäftstag anzulegen. In der Regel gibt es keine Betragsbegrenzungen für die Einlagekonten. Die Inanspruchnahme dieser Fazilität durch die Geschäftsbanken unterliegt keinen sonstigen Beschränkungen. Der Zinssatz für die Einlagefazilität bildet im Allgemeinen die Untergrenze des Tagesgeldsatzes.

Einnahmeplan

Teil des Finanzplans der Unternehmung, in dem für einen Zeitraum sämtliche zu erwartende Einnahmen als Sollzahlen aufgestellt werden.

Emission

Ausgabe von Aktien und anderen Wertpapieren, d. h. ihre Unterbringung im Publikum und Einführung in den Verkehr. Die Schaffung von Wertpapieren, ihre Herstellung und Vollziehung durch den Aussteller ist noch keine Emission. Während eine Selbstemission nur für Kredit- und Finanzdienstleistungsinstitute selbst infrage kommt, ist die Regel eine Fremdemission. Dabei übernimmt ein Konsortium professioneller Finanzdienstleister die Abwicklung der Emission, meist in Form eines Übernahmekonsortiums (Emissionsgeschäft) oder in Form eines Begebungskonsortiums. Im letztgenannten Fall wird für den Emittenten kein Platzierungsrisiko übernommen. Das (bis auf wenige Ausnahmen) angewandte Emissionsverfahren ist das Bookbuilding.

Emissionsrendite

Rendite von festverzinslichen Wertpapieren bei erstmaliger Abgabe (Emission).

Ertragswert

1. *Begriff:* Barwert bzw. Kapitalwert zukünftiger Zahlungsüberschüsse aus einem Investitionsobjekt „Unternehmung" (entsprechend auch als *Zukunftserfolgswert* bezeichnet), über die der Eigentümer verfügen kann.

2. *Ermittlung:* Die Barwertberechnung verlangt einen Zinsfuß *i*; ist dieser periodenunabhängig und sicher und sind die Zahlungsüberschüsse Ct periodenabhängig sowie sicher, so folgt:

$$C_0 = \sum_{t=1}^{T} C_t \, / \, (1+i)^t$$

Für unendlich lange anfallende Zahlungsüberschüsse in derselben Höhe geht die Formel über in die *Rentenformel:*

$$C_0 = \frac{C}{i}$$

für unendlich lange mit der konstanten Wachstumsrate *w* steigende Zahlungsüberschüsse:

$$C_0 = \frac{C_1}{(i-w)}$$

mit *i* > *w* und C_1 als Zahlungsüberschuss der ersten Periode.

Da zukünftige Zahlungsüberschüsse nicht sicher und Wahrscheinlichkeitsverteilungen unhandlich sind, erfolgt eine *Reduktion der Wahrscheinlichkeitsverteilungen auf Erwartungswerte,* diskontiert mit einem risikoangepassten Zinsfuß (landesüblichen Zinsfuß zzgl. Risikoprämie), oder eine Verdichtung der Wahrscheinlichkeitsverteilungen auf Sicherheitsäquivalente, diskontiert mit dem (quasi-sicheren) landesüblichen Zinsfuß (Unternehmungsbewertung).

Ertragswertabschreibung

Differenz der Ertragswerte von zwei aufeinanderfolgenden Perioden. Sie entspricht den Zinsen auf den Ertragswert der Vorperiode.

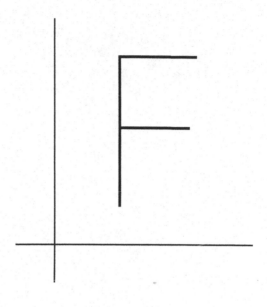

© Springer Fachmedien Wiesbaden GmbH, ein Teil von Springer Nature 2019
Springer Fachmedien Wiesbaden (Hrsg.), *280 Keywords Unternehmensfinanzierun*,
https://doi.org/10.1007/978-3-658-23633-5_4

Factoring

1. *Begriff:* Aus der Sicht des Forderungsverkäufers (sogenannter Anschlusskunde) ist Factoring der laufende Verkauf von kurzfristigen Forderungen an eine Factoringgesellschaft (sogenannter Factor). Gegenstand des Factorings sind Forderungen aus Lieferungen und Leistungen an gewerbliche Kunden (sogenannte Abnehmer/Debitoren); Forderungen an Verbraucher werden in der Regel nicht angekauft. Der Forderungsverkäufer schließt mit dem Factor einen Factoringvertrag, der in der Regel eine mind. zweijährige Laufzeit aufweist und der entweder alle Forderungen oder nur Forderungen an bestimmte Abnehmergruppen einschließt. Häufig ist im Factoringvertrag der Verkauf von Inlands- und Auslandsforderungen vorgesehen.

2. *Anforderungen der Factoringgesellschaften:* Der Forderungsverkäufer hat einige grundsätzliche Anforderungen zu erfüllen, die auf den Einzelfall zugeschnitten werden können.

a) Die Laufzeit der zu verkaufenden Forderungen sollte 120 Tage (Inlandsforderungen) bzw. 180 Tage (Auslandsforderungen) nicht überschreiten.

b) Die Forderungen müssen frei von Rechten Dritter sein und bei ihrer Entstehung der Höhe nach einwandfrei feststehen.

c) Der Abnehmerkreis des Anschlusskunden sollte keinem allzu starken Wechsel ausgesetzt sein.

d) Die Bonität und die Seriosität des Anschlusskunden müssen gewährleistet sein, weil sich der Factor darauf verlassen können muss, dass die angekauften Forderungen tatsächlich entstanden sind.

3. *Funktionen:*

a) *Finanzierungsfunktion:* Unmittelbar nach der Entstehung einer Forderung stellt der Factor dem Anschlusskunden den Forderungsgegenwert zur freien Verfügung. Der unverzügliche, vor allem aber der hohe Liquiditätszufluss ermöglicht es dem Forderungsverkäufer, seinen Abnehmern das marketingpolitisch erwünschte Zahlungsziel zu gewähren. Hinzu tritt, dass Factoring geeignet ist, die Liquiditätsdisposition und die Finanzplanung des Forderungsverkäufers zu präzisieren, weil die Unwägbarkeiten des Forderungseingangs entfallen. Sofern der Anschlusskunde die Factoringerlöse zur Tilgung bestehender Schulden verwendet, führt dies zu einer Verbesserung der Eigenkapital-/Fremdkapitalrelation in seiner Bilanz.

b) *Delkrederefunktion:* Regelmäßig übernehmen die Factoringgesellschaften das Delkredererisiko. Der Anschlusskunde ist somit vor Zahlungsausfällen, die auf der Zahlungsunfähigkeit seiner Abnehmer beruhen, gesichert. Zwar behalten die Factoringgesellschaften auch bei Übernahme des Delkredererisikos vorläufig ca. 10 bis 20 Prozent des Gegenwerts einer Forderung als Sicherheit ein. Dieser Sicherungseinbehalt dient jedoch nur der Verrechnung von eventuellen Mängelabzügen, sowie (auch nachträglich) vom Anschlusskunden eingeräumten Rabatten, Skontoabzügen und ähnlichen Abzügen, die der zahlungspflichtige Debitor an der angekauften Forderung vornimmt. Sofern der Factor das Delkredererisiko übernommen hat, wird der (restliche) Sicherungseinbehalt auch im Fall der Nichtzahlung durch den Kunden an den Forderungsverkäufer ausgezahlt. Vor Übernahme des Delkredererisikos unterzieht der Factor die Abnehmer ihres Anschlusskunden einer intensiven Kreditwürdigkeitsprüfung, die im Ergebnis zur Festlegung eines Limits pro Abnehmer führt. Bis zu diesem Limit ist die Factoringgesellschaft bereit, das Delkredererisiko zu übernehmen. Politische Risiken, die bei Exportforderungen bestehen können, werden von Factoringgesellschaften im Allgemeinen nicht übernommen. Dies gilt grundsätzlich auch für das Wechselkursrisiko bei Fremdwährungsforderungen, zu deren Absicherung dem Exporteur ohnehin die Sicherungsinstrumente der Banken zur Verfügung stehen.

c) *Dienstleistungsfunktionen:* Die bedeutendste Dienstleistung des Factors ist für den Anschlusskunden die Prüfung der Kreditwürdigkeit seiner Abnehmer sowie deren laufende Kreditüberwachung. Von ähnlicher Bedeutung ist die Übernahme des Mahn- und Inkassowesens durch den Factor, sodass der Anschlusskunde auf ein eigenes Debitorenmanagement weitgehend verzichten kann.

4. *Factoringformen:*

(1) Standardfactoring;

(2) echtes Factoring;

(3) unechtes Factoring;

(4) Fälligkeitsfactoring;

(5) offenes Factoring;

(6) stilles Factoring;

(7) Inhouse Factoring.

5. *Kosten:*

a) *Factoringgebühr:* Die Factoringgebühr wird vom Factor für die erbrachten Dienstleistungen erhoben, d. h. besonders für die Prüfung der Debitoren, für die Verwaltung des Debitorenbestandes, für die Übernahme des Inkasso- und Mahnwesens. Sie enthält in der Regel auch die Übernahme des Delkredererisikos.

b) *Factoring-Zinsen:* Der Zinssatz, den die Factoringgesellschaften anwenden, ist – entsprechend der Marktzinsentwicklung – variabel.

6. *Finanzaufsicht:* Factoring ist als erlaubnis- und aufsichtspflichtige Finanzdienstleistung im Kreditwesengesetz (KWG) definiert und näher geregelt (vgl. §1 1a S.2 Nr. 9 KWG). Factoringunternehmen unterliegen daher der Aufsicht durch die Bundesanstalt für Finanzdienstleistungsaufsicht (BaFin) und die Deutsche Bundesbank.

Finance Company

1. Sonderform der Finanzierungsgesellschaft, die als Kapitalgesellschaft eines Konzerns die Finanzierung nur der dem Konzern angeschlossenen Unternehmungen betreibt.

2. In den USA Spezialunternehmungen, die sich unter anderem mit der Verbraucher-Finanzierung befassen.

Financial Instruments

Zusammenfassender Ausdruck für Wertpapiere und Finanzinnovationen.

Finanzanalyse

1. *Begriff:* Untersuchung zur Gewinnung von Aussagen über die wirtschaftliche Lage, besonders im Hinblick auf künftige Erfolgsermittlung und Zahlungsfähigkeit (Liquidität) von Unternehmen. Die Finanzanalyse

basiert auf Daten der Bilanz, der Gewinn- und Verlustrechnung (GuV), des Geschäftsberichts, der Branche und der konjunkturellen Entwicklung.

2. *Arten:*

a) *Interne* Finanzanalyse: Durch das Unternehmen selbst durchgeführte Analyse; soll Planungs- und Kontrollinformationen für Entscheidungen der Unternehmensleitung zur Verfügung stellen.

b) *Externe* Finanzanalyse: Von unternehmensexternen Personen durchgeführte Analyse; bildet die Grundlage für Entscheidungen wie Kauf einer Beteiligung, Gewährung von Lieferantenkrediten oder von Darlehen.

Finanzausschuss

In Großunternehmungen, Konzernen, Trusts etc. aus den Mitgliedern der Aufsichts- und Geschäftsführungsorgane (Aufsichtsrat, Verwaltungsrat, Vorstand) gebildeter Kreis von Sachverständigen mit der Aufgabe, die Tätigkeit der Finanzierungsabteilungen zu überwachen. Der Finanzausschuss kann Anweisungen erteilen, prüfen und hat Mitwirkungsbefugnis bei wichtigen Finanzierungsaufgaben.

Finanzbedarf

Die für die öffentlichen Aufgabenträger zur Erfüllung der ihnen im passiven Finanzausgleich übertragenen Aufgaben erforderlichen Finanzmittel. Der Finanzbedarf ist für den einzelnen öffentlichen Aufgabenträger und für die öffentliche Hand insgesamt zu bestimmen und mit den im Privatsektor zu belassenden Finanzmitteln ins Verhältnis zu setzen (optimales Budget).

Die *Messung des* Finanzbedarfs öffentlicher Aufgabenträger gestaltet sich infolge der nicht präzisen und erschöpfenden Aufgabenzuständigkeiten schwierig. In der Praxis hilft man sich mit groben (Bedarfs-)Indikatoren:

(1) Die Einwohnerzahl ist wichtigster Indikator bei der Messung des Finanzbedarfs der Gemeinden (zum Zwecke des kommunalen Finanzausgleichs) und der Länder (zum Zwecke des Länderfinanzausgleichs); zum Teil modifiziert durch die Größe der Gebietskörperschaft (Hauptansatzstaffelung).

(2) Weitere Indikatoren werden zum Teil ergänzend herangezogen (Ergänzungsansätze).

Dem derart gemessenen Finanzbedarf wird im ergänzenden Finanzausgleich die originäre Finanzkraft bzw. Steuerkraft gegenübergestellt; Differenzen zwischen beiden Größen werden zum Teil durch Schlüsselzuweisungen ausgeglichen.

Finanzdecke

Im Rahmen der Finanzierung einer Unternehmung zur Deckung betriebsnotwendiger Ausgaben verfügbare flüssige Mittel. Eine zu „kurze Finanzdecke" erzwingt zusätzliche Kapitalbeschaffung.

Finanzdisposition

Laufende Verfügungen über die Verwendung oder den Einsatz von finanziellen Mitteln sowie die kurzfristige Finanzplanung.

finanzielles Gleichgewicht

1. *Im weiteren Sinne:* Langfristige strukturelle Entsprechung von Kapitalbeschaffung und -verwendung, d. h., das beschaffte Kapital hat nach Art und Fristigkeit dem Kapitalbedarf zu entsprechen, der sich aus der besonderen Vermögensstruktur der Unternehmung ergibt.

2. *Im engeren Sinne:* Gleichgesetzt mit dem Aspekt des kurzfristigen Ausgleichs der Zahlungsströme (Liquidität).

Finanzierung

1. *Begriff:* Maßnahmen der Mittelbeschaffung und -rückzahlung und damit der Gestaltung der Zahlungs-, Informations-, Kontroll- und Sicherungsbeziehungen zwischen Unternehmen und Kapitalgebern.

2. *Formen:*

a) Außenfinanzierung:

(1) *Finanzierung durch bisherige Eigentümer* (Eigenfinanzierung);

(2) Finanzierung durch neue Eigentümer (Beteiligungsfinanzierung);

(3) Finanzierung durch Gläubiger (Fremdfinanzierung).

b) Innenfinanzierung:

(1) Finanzierung durch Bindung von güter- und leistungswirtschaftlichen Überschüssen über die Minderung des Gewinns als Bemessungsgrundlage für Steuerzahlungen und Ausschüttungen (z. B. Finanzierung aus Abschreibungen, Finanzierung über die Dotierung von Rückstellungen);

(2) Finanzierung durch Einbehaltung von ausschüttungsfähigem, aber nicht ausgeschütteten Überschuss (Selbstfinanzierung).

3. Finanzierung *im öffentlichen Bereich:* duale Finanzierung.

Finanzierungsgemeinschaft

Zwischenbetriebliche Kooperation rechtlich selbstständiger Unternehmungen zur Finanzierung (Finanzierungspooling).

Motive:

(1) Vorbereitung eines Unternehmenszusammenschlusses in Form des Trusts oder Konzerns;

(2) Erzielung von Größenvorteilen bei der Finanzierung.

Finanzierungsgesellschaft

I. Allgemein

1. *Wesen:* Unternehmung, deren Betriebszweck die Beschaffung von Finanzierungsmitteln, vor allem Kapitalbeschaffung, für nahe stehende Unternehmungen ist.

2. *Abgrenzung:* Grenzen zum *Kreditinstitut* fließend; Finanzierungsgesellschaften leisten keinen Dienst im Zahlungsverkehr, sondern kaufen zwecks dauernder Übernahme (in der Regel) oder zum Weiterverkauf Aktien oder Obligationen auf mit Kapital, das sie durch eigene Emission von Aktien oder Obligationen erwerben. Finanzierungsgesellschaften vereinfachen und beschleunigen die Kapitalbeschaffung und vermindern das Risiko für Kapitalgeber.

3. *Arten:* Investment-Trust, Effektenhandelsgesellschaft (kauft Effekten meist nur zu Spekulationszwecken auf), Voting-Trust, Holdinggesellschaft oder Übernahmegesellschaft (kauft Effekten von am Kapitalmarkt unbekannten Unternehmungen auf, sogenannte nichtmarktfreie Effekten), Finance Company.

II. Irische Finanzierungsgesellschaft

Irland hatte früher durch eine Sondergesetzgebung einen geringeren Körperschaftsteuersatz (nur 10 Prozent statt früher regulärer 40 Prozent) für Finanzierungsgesellschaften vorgesehen, die in den früheren Hafen-Docks der Hauptstadt Dublin beheimatet sind und bestimmte zusätzliche Bedingungen erfüllen. Ziel war es, ausländische Konzerne zur Gründung einer Tochtergesellschaft in Dublin zu veranlassen.

Die Regelung war als Beihilfe für das Gebiet von Dublin EU-rechtlich zeitlich befristet genehmigt worden und ist heute ausgelaufen; stattdessen gilt nunmehr allgemein ein Steuersatz für gewerbliches Einkommen von 12,5 Prozent und für passive Einkünfte von 25 Prozent.

Finanzierungsgrundsatz

Von der Unternehmensleitung im Hinblick auf die Finanzierungssituation und die betriebliche Finanzpolitik ausgearbeitete Richtlinie für die Finanzierungsentscheidungen des Unternehmens.

Finanzierungskennzahl

Quotient bestimmter Positionen aus Bilanz, Gewinn- und Verlustrechnung und Geschäftsbericht, die als Indikatoren für die finanzielle Lage des Unternehmens dienen sollen (Finanzanalyse).

Zu unterscheiden:

(1) Liquiditätskennzahlen (Liquiditätsgrad);

(2) Kennzahlen zur Messung der Aktivität des Unternehmens (Umschlagshäufigkeit);

(3) Rentabilitätskennzahlen (Rentabilität).

Finanzierungskontrolle

1. *Im engeren Sinne:* Laufender Vergleich und Abstimmung der Soll- und Istzahlen des Finanzplans im Rahmen der betrieblichen Finanzpolitik.

2. *Im weiteren Sinne:* Überprüfung der Finanzlage hinsichtlich Liquidität und Rentabilität.

Finanzierungsregel

1. *Begriff:* Bilanzstrukturnorm, die auf die Liquiditätssicherung abstellt (Liquidität). Die Finanzierungsregel stellt eine Sollvorschrift bezüglich der Zusammensetzung des Kapitals dar.

2. *Arten:*

a) *Vertikale* Finanzierungsregel *(Kapitalstrukturregel):* bezieht sich auf die Zusammensetzung des Kapitals; keine Beziehung zur Verwendung der finanziellen Mittel (Sollvorschrift bezüglich des Verschuldungsgrades).

b) *Horizontale* Finanzierungsregel: bezieht sich auf Kapital- und Vermögensstruktur:

(1) *Goldene* Finanzierungsregel: Fristen zwischen Kapitalbeschaffung und -rückzahlung einerseits und Kapitalverwendung andererseits sollen sich entsprechen.

(2) *Goldene Bilanzregel:* Die Forderung nach Fristenkongruenz zwischen Kapital und Vermögen wird mit der Forderung nach der Verwendung bestimmter Finanzierungsarten verbunden.

3. *Beurteilung:* Der Finanzierungsregel liegt die Vorstellung zugrunde, ihre Einhaltung gewährleiste die Liquidität des Unternehmens. Die zukünftige Liquidität wird nicht von der Vermögens- und/oder Kapitalstruktur, sondern von der Qualität künftiger Einzahlungen bestimmt. Finanzierungsregeln sind wenig geeignet, die Finanzierung eines Unternehmens zu beurteilen.

Finanzierungsreserve

Im Rahmen der Finanzplanung einer Unternehmung derjenige Betrag, der sicherheitshalber pauschal auf die Summe des Kapitalbedarfs aufgeschlagen wird.

Finanzierungsrisiko

Risiko der Eigentümer, das durch die Finanzierungsform (Finanzierung) zusätzlich zum Investitionsrisiko entsteht.

Finanzierungstheorie

Normative Theorie der Finanzierung mit dem Ziel, Entscheidungskriterien zur optimalen Gestaltung von Investition, Finanzierung und Ausschüttung zu entwickeln. Die Finanzierungstheorie bedient sich abstrakter Modelle, um Grundzusammenhänge der Finanzierung aufzudecken. Sie unterstellt dabei das Ziel der Anteilswertmaximierung. Durch die explizite Berücksichtigung der Beziehungen zwischen Kapitalanbietern und Kapitalnachfragern ergänzt die Finanzierungstheorie die Investitionstheorie, da eine Erklärung der relevanten Kapitalkosten nur im Marktzusammenhang möglich ist.

Finanzinstrument

1. Nach *KWG* und *WpHG*: i. w. Wertpapiere, Geldmarktinstrumente, Devisen oder Rechnungseinheiten sowie Derivate.

2. In der *Internationalen Rechnungslegung IAS (International Accounting Standards)* bzw. *IFRS (International Financial Reporting Standards)*: Finanzielle Vermögenswerte und Verbindlichkeiten, die unmittelbar oder mittelbar mit dem Austausch von Zahlungsmitteln verbunden sind. Diese Definition ist sehr viel weiter gefasst als in Deutschland üblich.

Finanzkonzern

Konzern, der primär die Verfolgung finanzieller Interessen und damit Kapitalkonzentration verbunden mit Risikostreuung anstrebt. Es besteht kaum ein Tätigkeitszusammenhang zwischen den Konzerngliedern; Unternehmen der Investitions- und Konsumgüterindustrien sind z.B. mit Kreditinstituten, Versicherungs-, Verkehrsunternehmen und Betrieben des Beherbergungsgewerbes verbunden.

Finanzmakler

Berufsmäßige Vermittler vor allem von mittel- und langfristigen Krediten (Schuldscheindarlehen, Hypotheken und revolvierenden Wechselkrediten) sowie von Beteiligungen und ganzen Unternehmungen. Zum Teil vermitteln Finanzmakler Industriekredite aus Geldern der Kapitalsammelstellen (Lebensversicherungsunternehmen, Sozialversicherungsträger, Arbeitslosenversicherung und Ähnliches) und betreiben neben dem Finanzmaklergeschäft Finanzberatung. Die Finanzmakler arbeiten in privatem Auftrag oder als Agenten von Teilzahlungsbanken, Hypothekenbanken und der filiallosen Universalbanken. Bei kleinen Finanzmaklern häufig Koppelung mit Versicherungsvertretungen.

Finanzmanagement

1. *Begriff:* Zielgerichtete, situationsgemäße Planung, Steuerung und Kontrolle aller betrieblichen Zahlungsströme. Finanzmanagement umfasst alle Finanz- und Investitionsentscheidungen. Der Begriff ist auf den Managerial Approach zurückzuführen. Er betrachtet die Finanzierung als Aspekt der Unternehmensleitung im Rahmen ihrer operativen und strategischen Dispositionen in allen Teilbereichen der Unternehmung.

2. *Ziele:*

(1) Sicherung und Erhaltung der Liquidität;

(2) Maximierung der Rentabilität (Eigenkapital- und Gesamtkapitalrentabilität);

(3) Risikopräferenzkonformität (Risiko, Investitionsrisiko, Finanzierungsrisiko);

(2) und (3) lassen sich zu dem Ziel der *Optimierung der Rendite-Risiko-Position* der Unternehmung zusammenfassen.

3. *Prozess:*

(1) Bedarfsermittlung (Kapitalbedarf);

(2) Bedarfsdeckung (Finanzierung);

(3) Kapitalallokation (Investition),

(4) Kontrolle der Kapitalverwendung und

(5) Freisetzung finanzieller Mittel (Desinvestition).

4. *Arten:*

(1) *Strategisches* Finanzmanagement: tendenziell langfristige Planung, Steuerung und Kontrolle der Erfolgs- und Risikoposition des Unternehmens, besonders die Kapitalallokation und Kapitalstrukturierung (Kapitalstruktur).

(2) *Operatives* Finanzmanagement: vor allem Liquiditätssicherung (Liquidität), um einen reibungslosen Ablauf der betrieblichen Transformationsprozesse zu gewährleisten (Finanzplan). Die Erfolgs- und Risikoposition bildet dabei die Vorsteuerungsgröße für die Liquiditätssicherung; das strategische Finanzmanagement ist dem operativen Finanzmanagement vorgelagert.

5. *Wichtigstes Instrument des* Finanzmanagements: Finanzanalyse, um die Finanz- und Investitionsentscheidungen an die relevanten Einflussfaktoren anpassen zu können.

Finanzplan

I. Finanzwissenschaft

Von einer Gebietskörperschaft verfasste Einnahmen- und Ausgabenaufstellung für einen längeren, überschaubaren Zeitraum. Der Finanzplan besitzt als bloße Exekutivplanung im Gegensatz zu dem als Gesetz verabschiedeten Haushaltsplan keine Rechtsverbindlichkeit.

Der Finanzplan des Bundes informiert über die mittelfristige Finanzplanung des Bundes und gibt damit den Rahmen vor, an dem sich die finanzwirksamen Entscheidungen auszurichten haben.

II. Betriebliche Finanzplanung

Zukunftsbezogene Rechnung, die für einen Planungszeitraum Ein- und Auszahlungen für jede Periode (Tag, Woche, Monat, Quartal, Jahr) gegenüberstellt.

Erstellung: Sie folgt dem Bruttoprinzip: Ein- und Auszahlungen sind unsaldiert auszuweisen. Weiterhin gelten der Grundsatz der Vollständigkeit, der Grundsatz der Termingenauigkeit und der Grundsatz der Betragsgenauigkeit.

Bedeutung: Der Finanzplan ist ein Instrument der operativen Finanzplanung und dient daher vorrangig der Liquiditätsplanung.

Finanzplankredit

Gesellschafterdarlehen, das auf gesellschaftsvertraglicher Grundlage beruht und im Rahmen der Finanzplanung fest vorgesehen ist. Es stellt eine einlagegleiche Leistung dar und wird unmittelbar dem haftenden Kapital zugerechnet.

Rechtsfolgen:

(1) Keine Teilnahme des Gesellschafters mit seiner Forderung aus dem Finanzplankredit bei Insolvenz;

(2) *GmbH* und *GmbH & Co. KG:* Keine Rückzahlung des Finanzplankredits nach Kriseneintritt (§§ 30–31 GmbHG analog);

(3) *KG:* Diente der Finanzplankredit zur Abdeckung der Haftsumme, so ist die (vorzeitige) Rückzahlung des Finanzplankredits als Einlagenrückgewähr anzusehen.

Finanzplanung

1. *Begriff:* Prozess der zielgerichteten, d. h. an definierten Liquiditäts-, Rentabilitäts- und Risikozielen (Liquidität, Rentabilität) ausgerichteten Gestaltung zukünftiger Finanzentscheidungen.

2. *Einordnung:* Teilgebiet der Unternehmensplanung. Einerseits basiert die Finanzplanung auf betrieblichen Teilplänen, besonders auf Absatz- und Produktionsplänen; andererseits beeinflusst die Finanzierung die übrigen betrieblichen Teilpläne. Aufgrund dieser Interdependenzen gilt die Finanzplanung nur integriert im Gesamtplanungsprozess als durchführbar (integrierte Finanzplanung).

3. *Aufgaben:*

(1) Ermittlung des zukünftigen Finanzbedarfs;

(2) Bestimmung von Art, Höhe und Zeitpunkt von Finanzierungsmaßnahmen.

4. Arten:

(1) *Strategische* Finanzplanung: Festlegung der Rahmendaten für Finanz-entscheidungen; an Rentabilitäts- und Risikozielen orientiert.

(2) *Operative* Finanzplanung: Detailentscheidungen innerhalb der durch die strategische Finanzplanung festgelegten Rahmendaten; an Liquidi-tätszielen orientiert. Konkretisierung der operativen Finanzplanung im Finanzplan.

Finanzpolitik

Summe aller Maßnahmen der Finanzierung einer Unternehmung zur Be-friedigung des Kapitalbedarfs, unterstützt durch Finanzplanung. Finanz-politik ist als Teil der Unternehmenspolitik in Zielen und Methoden abzu-stimmen mit Investitionspolitik, Einkaufspolitik, Marketingpolitik, Dividendenpolitik sowie der Gestaltung des Produktionsprogramms und dessen Ablaufes.

Flüssige Mittel

Bestand an Geld- und Vermögenswerten, die bei Bedarf in Geld gewan-delt werden können (Liquidität). Zu den flüssigen Mitteln gehören: Kas-senbestände, Sichteinlagen, Wechsel (soweit sie diskontfähig sind), Schecks und (börsengängige) Wertpapiere.

Freiaktie

Zusatzaktie.

1. Aktie *ohne eigentliche Gegenleistung.* Die Ausgabe solcher Freiaktien ist nach deutschem Aktienrecht unzulässig.

2. Von Aktiengesellschaften an Aktionäre *gegen Aufrechnung von Forde-rungen* auf ihren Anteil am Bilanzgewinn oder an Rücklagen hingegebene Gratisaktien.

3. *Kapitalerhöhung aus Gesellschaftsmitteln* durch Ausgabe von Freiaktien ist nach den §§ 207 ff. AktG zulässig, soweit durch Gesellschaftsbe-schluss Rücklagen in Nennkapital umgewandelt werden.

4. *Steuerliche Behandlung:* Bei Punkt 2 gilt mit der Aufrechnung die Forderung als zugeflossen und ist nach den allgemeinen Regeln zu versteuern. In Höhe der Forderung entstehen Anschaffungskosten für die Freiaktien. Bei Punkt 3 ist die Zuteilung der Freiaktien steuerfrei.

Fremdfinanzierung

1. *Begriff:* Maßnahmen zur Beschaffung finanzieller Mittel, die im Kapitalüberlassungsvertrag meist erfolgsunabhängige Zins- und Tilgungszahlungen zusichern und dem Unternehmen Kapital für begrenzte Zeit zur Verfügung stellen. Die Kapitalgeber sind Gläubiger.

2. *Arten:* Fremdfinanzierung kann nach verschiedenen Gesichtspunkten untergliedert werden, so nach dem Kreditgeber, der Fristigkeit, der Form der Besicherung oder der Ausgestaltung des Anspruchs der Gläubiger. Nach der Fristigkeit unterscheidet man z. B.:

(1) *kurzfristige* Fremdfinanzierung bis zu 90 Tagen;

(2) *mittelfristige* Fremdfinanzierung zwischen 90 Tagen und vier Jahren;

(3) *langfristige* Fremdfinanzierung bei vier Jahren und mehr.

Durch vertragliche Vereinbarungen lässt sich die Fremdfinanzierung mit Eigenschaften der Eigenfinanzierung ausstatten, z. B. durch erweiterte Mitsprache- und Kontrollrechte, vollständige oder teilweise Erfolgsabhängigkeit (partiarische Darlehen, Gewinnschuldverschreibungen) und Verlängerungsoptionen. Solche „mezzaninen" Formen der Finanzierung sind besonders bedeutsam bei der Unternehmensgründung.

Fremdkapitalkostensatz

Der von den Gläubigern einer Unternehmung geforderte Erwartungswert der Rendite auf die von ihnen überlassenen Mittel.

Fremdkapitalquote

Anteil des Fremdkapitals am Gesamtkapital, branchen- und bewertungsabhängige Kennzahl zur Beurteilung der finanziellen Stabilität und Abhängigkeit eines Unternehmens.

Freundliche Übernahme

Kauf eines Unternehmens durch ein anderes Unternehmen mit dem Einverständnis des Managements des übernommenen Unternehmens.

Fristenkongruenz

Fristenparallelität; der Kapitaldienst des finanzierten Investitionsobjekts und dessen Einzahlungsrhythmus entsprechen sich.

Fristentransformation

Bei der Kapitalbindung (Investition) wird gezielt von der Überlassungsdauer des Kapitals abgewichen.

Fristigkeit

I. Unternehmensplanung

1. *Begriff: Planzeit,* d. h. der Zeitraum, für den der Plan aufgestellt wurde.

2. *Zu unterscheiden:*

a) *Kurzfristige Planung:* Primär quantitative Planung. Sie soll einen optimalen Einsatz der Produktionsfaktoren zur Erreichung der Unternehmensziele sicherstellen. Die Fristigkeit eines kurzfristigen Plans beträgt im Allgemeinen bis zu einem Jahr.

b) *Mittelfristige Planung:* Bindeglied zwischen der Langfristplanung und der kurzfristigen Disposition. Sie umfasst mittelfristige Zieldefinitionen für das Gesamtunternehmen und seine Bereiche, Ableitung von Maßnahmen und robusten Schritten zur Zielverwirklichung sowie die Budgetierung für die Teilperioden des kurzfristigen Plans. Fristigkeit eines mittelfristigen Plans beträgt im Allgemeinen ein bis fünf Jahre.

c) *Langfristige Planung:* Festlegen von langfristigen Unternehmenszielen und von Strategien zur Erreichung dieser Ziele. Fristigkeit eines langfristigen Plans beträgt im Allgemeinen mehr als fünf Jahre.

II. Finanzplanung

Zeitdauer der Überlassung bzw. Bindung finanzieller Mittel.

Fundieren

1. *Im weiteren Sinne:* Sicherstellung von Zins- und Tilgungsdienst durch bestimmte Einnahmequellen.

2. *Im engeren Sinne:* Überführung (kurzfristiger) schwebender Schulden in (langfristige) fundierte Schulden; auch die Ablösung von Bankkrediten durch Emission von Obligationen oder Aktien; Letztgenanntes wird auch als *refundieren* bezeichnet.

Fungibilität

1. *Begriff:* bezeichnet die Eigenschaft von Gütern, Devisen und Wertpapieren, beispielsweise nach Maß, Zahl oder Gewicht bestimmbar und ohne Weiteres auswechselbar oder austauschbar zu sein.

2. *Merkmale:* Fungibilität liegt vor, wenn die Sachen oder Rechte durch gleich bleibende Beschaffenheit (z. B. nach Zahl, Maß oder Gewicht) im Handelsverkehr bestimmt werden und durch jede andere Sache bzw. jedes andere Recht der gleichen Gattung und Menge ersetzt werden können. Die Fungibilität einer Ware ist Voraussetzung für ihren börsenmäßigen Handel. Fungible Rechte, die Ansprüche aus verbrieften Kapitalformen verkörpern, heißen Effekten.

Fusion

1. *Allgemein:* Unternehmenszusammenschluss.

2. *Handels- und Steuerrecht:* Verschmelzung.

3. *Kartellrecht:* Zusammenschlusskontrolle, Europäisches Kartellrecht.

Springer Fachmedien Wiesbaden (Hrsg.), *280 Keywords Unternehmensfinanzierun*,
https://doi.org/10.1007/978-3-658-23633-5_5

Geldeingang

Summe der flüssigen Mittel, die einer Unternehmung innerhalb eines Zeitraums als Erlös aus dem Verkauf ihrer Waren oder Dienstleistungen oder aus sonstigen Forderungen zufließen.

Geldmittelbewegung

Aufstellung (in der Regel für drei Monate) über die zu erwartende Bewegung der flüssigen Mittel in Form der Fortschreibung:
Anfangsbestand + Eingänge (geschätzt) – Zahlungen (laut Finanzplan) = Endbestand.

Die Geldmittelbewegung ist ein Kontrollinstrument bezüglich der Finanzierung einer Unternehmung, dient zur Beobachtung der kurzfristigen Liquidität, enthält außerdem Vergleichsangaben über freie Kreditlimite, diskontfähige Kundenwechsel sowie Debitoren und Warenumsätze der Vormonate.

Gemischte Gründung

Kombination aus Bargründung und Sachgründung.

General Standard

Marktsegment der Frankfurter Wertpapierbörse (FWB), dessen Zulassungsvoraussetzungen und -folgepflichten den gesetzlichen Mindestvorschriften des Regulierten Marktes entsprechen. Es sind Jahresfinanz- und Halbjahresfinanzberichte zu veröffentlichen sowie weitere umfangreiche Mitteilungspflichten zu erfüllen (Ad-hoc-Mitteilungen, Directors Dealing, Insiderlisten, Stimmrechtsmitteilungen). Die Folgepflichten können in deutscher oder englischer Sprache erbracht werden. Für eine Aufnahme in den Prime Standard sind erhöhte Transparenzanforderungen zu erfüllen. Für eine Notierung im Segment *Scale* (früher *Entry Standard*) genügen weniger strenge Anforderungen.

Genossenschaftsdividende

Anteil am Genossenschaftsgewinn, der an die Mitglieder ausgeschüttet wird. Sie wird grundsätzlich in Form eines bestimmten Prozentsatzes auf das Geschäftsguthaben bezogen, wobei die General-/Vertreterversammlung im Rahmen ihrer Entscheidung über die Verwendung des Jahresüberschusses einen Beschluss zu fassen hat. Wenn die Geschäftsanteile nicht voll eingezahlt sind, werden die Genossenschaftsdividenden in der Regel den Geschäftsguthaben zugeschrieben. Die Dividendenhöhe ist abhängig von der Ertragssituation der Genossenschaft, dem Kapitalmarktzins und der Dividendenhöhe verwandter Genossenschaften.

Genussrechte

1. *Formen:* Bei der AG können Genussrechte z. B. zu einem Anteil am Reingewinn oder am Liquidationserlös berechtigen. Die Gewährung von Genussrechten geschieht häufig als Gründerlohn, bei Sanierung und anderen Gelegenheiten.

2. *Charakterisierung:* Genussrechte sind an Aktienbesitz nicht gebunden; die Inhaber der Genussrechte haben weder Stimmrecht noch sonstige Mitgliedschaftsrechte. Genussrechte gewähren somit nur einen rein schuldrechtlichen Anspruch, keinen mitgliedschaftsrechtlichen. Dadurch unterscheiden sie sich von den Sonderrechten der Vorzugsaktien. Die Gewährung von Genussrechten bedarf eines Beschlusses der Hauptversammlung mit Dreiviertelmehrheit des bei der Beschlussfassung vertretenen Grundkapitals (§ 221 AktG).

3. Über die Genussrechte wird im Allgemeinen ein Genussschein ausgestellt.

Genussschein

1. *Begriff:* Urkunde, die Rechte verschiedener Art (vornehmlich Genussrecht am Reingewinn oder am Liquidationserlös) an einer Unternehmung unabhängig von der Rechtsform verbrieft, im Gegensatz zur Aktie, die Gesellschaftsrechte beurkundet.

2. *Arten:* Genussscheine können als Inhaberpapiere, Namenspapiere oder Orderpapiere ausgegeben werden.

Weitere Unterscheidungen:

(1) Nach der *Form:*

(a) Nominalpapier, auf bestimmte Summe lautend;

(b) Quotenpapier, auf prozentualen Anteil am Gewinn oder Liquidationserlös lautend.

(2) Nach dem *Inhalt:*

(a) Genussscheine mit Anspruch auf Gewinnbeteiligung;

(b) Genussscheine mit Anspruch auf Anteil am Liquidationserlös;

(c) Genussscheine mit Anspruch auf Zahlung einer bestimmten Summe.

3. *Ausgabe:* Genussscheine können von Unternehmen unterschiedlicher Rechtsformen zur Kapitalbeschaffung ausgegeben werden.

Gesamtkapitalkostensatz

Der von den Kapitalgebern einer Unternehmung im Mittel geforderte Erwartungswert der Rendite auf die von ihnen insgesamt überlassenen Mittel.

Gesamtzinsspannenrechnung

Verfahren der Bankkalkulation zur Ermittlung der Gesamtzinsspanne als Differenz von Zinserlösen (in Prozent der Bilanzsumme) und Zinskosten (in Prozent der Bilanzsumme).

Gewinnthese

These, wonach der Marktwert eines Unternehmens nur von den künftigen Gewinnen unabhängig von deren Ausschüttung oder Entnahme und der herrschenden Marktrendite (Rendite) bestimmt wird (Unternehmungsbewertung). Der *Gegensatz* ist die Dividendenthese.

Gläubigerverzeichnis

In einem Insolvenzverfahren vom Insolvenzverwalter anzulegendes Verzeichnis aller Gläubiger des Schuldners, die ihm bekannt werden, mit Name und Anschrift sowie Art und Umfang ihrer Forderungen (§ 152 InsO), das auf der Geschäftsstelle des Insolvenzgerichts spätestens eine Woche vor dem Berichtstermin zur Einsicht der Beteiligten niederzulegen ist (§ 154 InsO). Masseverbindlichkeiten und Aufrechnungslagen sind im Gläubigerverzeichnis anzugeben. Das Gläubigerverzeichnis dient der umfassenden Information aller Gläubiger zur Vorbereitung der Entscheidung über die Verwertung des Schuldnervermögens.

Goldene Bilanzregel

Bilanzorientierte Finanzierungsregel, analog der goldenen Bankregel, anwendbar auf alle Unternehmungen. Die goldene Bilanzregel fordert, dass die langfristig an das Unternehmen gebundenen Anlagegüter durch langfristiges Kapital – in erster Linie durch Eigenkapital – gedeckt sein müssen, während das Umlaufvermögen durch kurzfristiges Kapital gedeckt sein kann.

Gratisaktie

Im Rahmen einer Kapitalerhöhung aus Gesellschaftsmitteln neu ausgegebene Aktie (junge Aktien), die den alten Aktionären aus Kapitalrücklagen und Gewinnrücklagen ohne Zuzahlung zur Verfügung gestellt wird. Dabei erfolgt ohne Zufluss neuer Mittel eine Erhöhung des Grundkapitals. Für im Umlauf befindliche Stückaktien ist keine Ausgabe von Gratisaktien erforderlich, da die Kapitalerhöhung den Wert der Stückaktie entsprechend erhöht.

Gründer einer AG

1. *Personenkreis:* Gründer einer AG sind die Aktionäre, die die Satzung festgestellt haben (§ 28 AktG).

2. *Pflichten:* Die Gründer haben den Inhalt der Satzung in notariell beurkundeter Form festzustellen (§§ 2, 23 AktG), die Aktien zu übernehmen, die Einlagen auf diese Aktien zu leisten und den ersten Aufsichtsrat sowie den Abschlussprüfer für das erste Voll- oder Rumpfgeschäftsjahr zu bestellen (§ 30 AktG).

3. *Rechte:* Die Gründer erlangen mit Übernahme der Aktien die Mitgliedschaftsrechte der Aktionäre.

Gründerlohn

Gründergewinn; zulasten der AG gewährte Entschädigung oder Belohnung (Sondervorteil) der Aktionäre oder anderer Personen für die Durchführung oder Vorbereitung der Gründung einer AG. Der Gesamtaufwand aus solchen Entschädigungen und Belohnungen ist in der Satzung gesondert festzusetzen.

Gründung

1. *Begriff:* Errichtung eines arbeitsfähigen, erwerbswirtschaftlichen Betriebs. Erforderliche Maßnahmen: Planung (der Beschaffung, der Leistungserstellung, des Absatzes, der Finanzierung und der Organisation), Beschaffung der Erstausstattung an Kapital, an Personal, an Betriebsmitteln und gegebenenfalls Waren oder Stoffen, Aufbau der inneren und äußeren Organisation.

2. *Arten der Gründung:*

(1) Bargründung;

(2) Sachgründung;

(3) gemischte Gründung.

3. Erforderlichenfalls Handelsregistereintragung: Für Personen und Personenvereinigungen mit deklaratorischer, für Kapitalgesellschaften mit konstitutiver Wirkung.

4. *Gewerbeerlaubnis:* Falls nach der GewO vorgeschrieben, beim Ordnungsamt der zuständigen Gemeinde zu beantragen.

Gründungsbericht

Von den Gründern einer Aktiengesellschaft schriftlich zu erstattender Bericht über den Hergang der Gründung (Bargründung oder Sachgründung), in welchem die wesentlichen Umstände darzulegen sind, von denen die Angemessenheit der Leistungen für Sacheinlagen oder Sachübernahmen abhängt (§ 32 I AktG), nämlich

(1) vorausgegangene Rechtsgeschäfte, die auf den Erwerb durch die Gesellschaft abgezielt haben,

(2) Anschaffungs- und Herstellungskosten aus den letzten beiden Jahren und

(3) im Falle des Übergangs eines Unternehmens auf die Gesellschaft die Betriebserträge aus den letzten beiden Geschäftsjahren.

Im Gründungsbericht ist ferner anzugeben, ob und in welchem Umfang bei der Gründung für Rechnung eines Mitglieds des Vorstands oder des Aufsichtsrats Aktien übernommen worden sind und ob und gegebenenfalls in welcher Weise ein Mitglied des Vorstands oder des Aufsichtsrats sich einen besonderen Vorteil oder für die Gründung oder ihre Vorbereitung eine Entschädigung oder Belohnung ausbedungen hat. Durch die Pflicht zur Erstellung des Gründungsberichts soll der Schutz gegen unzulängliche, insbesondere betrügerische Gründungen verstärkt werden und eine Basis für die Gründungsprüfung durch Vorstand und Aufsichtsrat (§ 33 I AktG), die Gründungsprüfer (§ 33 II AktG) sowie schließlich das Registergericht (§ 38 AktG) geschaffen werden.

Gründungsbilanz

Eröffnungs- bzw. Anfangsbilanz, die bei Errichtung eines (der Buchführungspflicht unterliegenden) Betriebes aufzustellen ist (§ 242 HGB).

1. Inhalt/Gliederung: Die Gründungsbilanz muss über Zusammensetzung und Werte der eingebrachten Vermögensgegenstände und über die Kapitalverhältnisse Aufschluss geben. In der Gründungsbilanz einer AG muss das Grundkapital (Mindesthöhe 50.000 Euro; § 7 AktG), in der Gründungsbilanz einer GmbH das Stammkapital (Mindesthöhe 25.000 Euro; § 5 GmbHG), in der Gründungsbilanz einer Unternehmergesellschaft das Stammkapital (Mindesthöhe 1 Euro; § 5a GmbHG) unter dem Posten „gezeichnetes Kapital" auf der Passivseite ausgewiesen werden. Die ausstehenden Einlagen auf das gezeichnete Kapital sind auf der Aktivseite vor dem Anlagevermögen gesondert auszuweisen; die davon eingeforderten Einlagen sind zu vermerken. Die nicht eingeforderten ausstehenden Einlagen dürfen auch von dem Posten „gezeichnetes Kapital" offen abgesetzt werden; dann ist der verbleibende Betrag als Posten „eingefordertes Kapital" in der Hauptspalte der Passivseite auszuweisen; außerdem ist der eingeforderte, aber noch nicht eingezahlte Betrag unter den Forderungen gesondert auszuweisen (§ 272 HGB).

2. *Bewertung:* Die Bewertungsgrundsätze für den Jahresabschluss (vor allem Anschaffungswert-, Realisations- und Imparitätsprinzip) gelten sinngemäß. Für den Jahresabschluss des Kaufmanns ist die Bewertung der Vermögensgegenstände und Schulden in §§ 252–256 sowie 240 III und IV HGB geregelt.

Gründungsfinanzierung

Maßnahmen der Kapitalbedarfsermittlung und Kapitalbeschaffung im Rahmen der Gründung eines Unternehmens. Davon abzugrenzen sind Finanzierungsvorgänge in späteren Phasen des Lebenszyklus eines Unternehmens, die der Expansionsfinanzierung zuzurechnen sind.

1. *Determinanten des Kapitalbedarfs (stark variierend je nach Wirtschaftszweig):* Im Rahmen der Gründung vor allem Ausgaben für

(1) den Kauf oder die Herstellung von Grundstücken, Gebäuden, Maschinen und Einrichtungsgegenständen,

(2) den Erwerb von Patenten, Lizenzen, Konzessionen und ähnlichen Rechten,

(3) die Ingangsetzung des Geschäftsbetriebs,

(4) Personal-, Material-, Energie- und andere laufende Kosten sowie zur Überbrückung der Produktionsdauer, der Lagerzeiten und der zu gewährenden Zahlungsziele als auch

(5) die Unterhaltung von Finanzmittelreserven.

2. Determinanten der *Kapitalbeschaffung:* Die Verfügbarkeit von Finanzierungsquellen der Eigen- und/oder Fremdfinanzierung bedingt sich vor allem durch die Ertragskraft der Neugründung und dem Risiko-Rendite-Profil des Geschäftsmodells. Darüber hinaus kann der Unternehmensgründer ein bestimmtes Verhältnis von Eigen- und Fremdkapital anstreben, welches sich zum einen durch Rentabilitätserwägungen (Einfluss der Kosten des Fremdkapitals im Vergleich zu denen des Eigenkapitals unter Berücksichtigung der steuerlichen Auswirkungen; Rentabilität, Leverage-Effekt) und zum anderen durch Sicherheitsüberlegungen (Aufrechterhaltung der Liquidität im Sinn des finanziellen Gleichgewichts) ergeben kann.

3. *Instrumente* der Gründungsfinanzierung: Als Finanzierungsinstrumente in der Gründungsphase werden insbesondere eingesetzt: eigene Mittel

der Gründer, Kapitalbereitsstellung durch Business Angels, Beteiligungs-
oder Mezzanine-Finanzierung durch spezialisierte Venture-Capital-Gesellschaften oder auch Förderbanken.

Gründungsgeschäfte

Rechtlich notwendige Geschäfte einer natürlichen Person zur Schaffung
der Voraussetzungen für die Aufnahme der Geschäftstätigkeit eines Unternehmens. Gründungsgeschäfte zählen noch nicht zum Betrieb des
Unternehmens.

Gründungsjahr

Jahr der Gründung oder der Handelsregistereintragung eines Unternehmens.

Gründungskosten

Gesamtheit der Aufwendungen für die Schaffung der rechtlichen Existenz
eines Unternehmens, wie Gründerlohn, Provisionen, Notar- und Gerichts-
kosten.

Gründungskosten sind *nach Steuerrecht* als Betriebskosten abzusetzen.
Eine Aktivierung der Gründungskosten als Vermögensgegenstand ist
nach § 248 I HGB (ebenso wie die Aktivierung von Kosten der Eigenkapitalbeschaffung) nicht erlaubt. Dagegen sind Aufwendungen für die Ingangsetzung und Erweiterung des Geschäftsbetriebes als Bilanzierungs-
hilfe aktivierungsfähig.

Gründungskosten stehen nicht in Zusammenhang mit dem Leistungspro-
zess des Betriebes und stellen somit *keine Kosten* im Sinn der Kostenrechnung dar.

Gründungsprüfer

Vom Gericht bestellter Prüfer, der neben den Mitgliedern des Vorstands
und des Aufsichtsrats den Hergang der Gründung einer AG zu prüfen hat,
falls es sich um eine qualifizierte Gründung handelt (§ 33 AktG).

Gründungsprüfung

Prüfung der Gründung einer AG.

1. *Umfang:* Namentlich ist festzustellen, ob die Angaben der Gründer zur Übernahme der Aktien und zu den Einlagen auf das Grundkapital richtig und vollständig und ob die für den Gründerlohn und die Sacheinlagen oder Sachübernahmen gewährten Leistungen angemessen sind (§ 34 I AktG).

2. *Prüfer:*

(1) Die Mitglieder des Vorstands und des Aufsichtsrats;

(2) zusätzlich ein oder mehrere vom Gericht bestellte Prüfer (Gründungsprüfer) im Fall der qualifizierten Gründung;

(3) anstelle des Gründungsprüfers kann auch der beurkundende Notar die Prüfung durchführen, wenn ein Mitglied des Vorstandes oder Aufsichtsrats zu den Gründern gehört oder bei der Gründung für Rechnung eines Vorstands- oder Aufsichtsratsmitglieds Aktien übernommen worden sind (§ 33 III AktG).

3. *Prüfungsbericht:* Über jede Prüfung ist unter Angabe des Gegenstands jeder Sacheinlage oder Sachübernahme und der zur Ermittlung des Werts herangezogenen Bewertungsmethode schriftlich zu berichten. Je ein Exemplar des Prüfungsberichts ist dem Gericht und dem Vorstand einzureichen. Jedermann hat das Recht, den Bericht bei dem Gericht einzusehen (§ 34 III AktG).

Gründungsstock

Kapital für die Gründung und die ersten Betriebskosten eines Versicherungsvereins auf Gegenseitigkeit (VVaG). Die Bildung, Verzinsung und Tilgung sind in der Satzung mit Zustimmung der Bundesanstalt für Finanzdienstleistungsaufsicht (BaFin) zu regeln. Der Gründungsstock muss grundsätzlich in bar eingezahlt werden und wird von sogen. *Garanten* aufgebracht. Er wird aus den Jahresüberschüssen der ersten Jahre durch Bildung einer Verlustrücklage getilgt.

Haftung in Genossenschaften

Die Haftung der Mitglieder von Genossenschaften für Verluste (Nachschusspflicht) ist je nach der satzungsmäßigen Regelung unbeschränkt, beschränkt auf eine bestimmte Summe oder ausgeschlossen. Für die meisten Genossenschaften in Deutschland besteht eine beschränkte Nachschusspflicht.

Hypothek

I. Charakterisierung

Belastung eines Grundstücks in der Weise, dass an denjenigen, zu dessen Gunsten die Belastung erfolgt, eine bestimmte Geldsumme wegen einer ihm zustehenden Forderung aus dem Grundstück zu zahlen ist.

Einzutragen in Abt. III des Grundbuchs. Im Gegensatz zur Grundschuld und Rentenschuld ist das Bestehen einer persönlichen Forderung *Voraussetzung* für Entstehung der Hypothek, des dinglichen Rechts. Diese Abhängigkeit ist nicht immer streng durchgeführt.

Der *Schuldgrund* (z. B. Darlehen, Kaufvertrag) berührt nur den *persönlichen Schuldner,* der nicht Eigentümer des belasteten Grundstücks zu sein braucht. Der *Eigentümer* des mit der Hypothek belasteten Grundstücks dagegen schuldet persönlich nichts (soweit er nicht – wie meist – gleichzeitig persönlicher Schuldner ist), sondern haftet nur mit dem Grundstück.

Zahlt der Schuldner nicht, kann sich der *Gläubiger* aufgrund der Hypothek aus dem Grundstück und den mithaftenden Gegenständen (z. B. Zubehör, Miet- oder Pachtzinsforderungen) durch Verwertung im Wege der Zwangsversteigerung und Zwangsverwaltung (§ 1147 BGB) befriedigen.

II. Arten

1. Regelform ist die *Verkehrshypothek:* Im Gegensatz zur Sicherungshypothek kann sich bei ihr ein gutgläubiger Erwerber auch hinsichtlich der persönlichen Forderung auf die Richtigkeit des Grundbuchs verlassen und wird durch dieses geschützt (§ 1138 BGB).

Die Verkehrshypothek kann Brief- oder Buchhypothek sein:

a) Die *Briefhypothek* (Hypothekenbrief) ist die Regel (§ 1116 I BGB).

b) Bei der *Buchhypothek* ist die Erteilung eines Hypothekenbriefes dagegen ausgeschlossen (§ 1116 II BGB). Der Vorteil der Briefhypothek besteht in der größeren Verkehrsfähigkeit. Zu ihrer Übertragung bedarf es nicht der Eintragung im Grundbuch. Der Ersterwerb erfolgt durch Einigung und Übergabe des Briefes. Zur Ausübung der Rechte aus der Hypothek genügt Besitz des Briefes.

2. Die *Sicherungshypothek* ist im Gegensatz zur Verkehrshypothek nur Buchhypothek und streng von der persönlichen Forderung abhängig, die der Gläubiger der Sicherungshypothek im Streitfall beweisen muss; er kann sich nicht auf das Grundbuch berufen. Für den Verkehr ist die Sicherungshypothek daher wenig geeignet. Im Grundbuch muss sie im Interesse der Rechtssicherheit ausdrücklich als solche bezeichnet werden (§ 1184 II BGB).

Sonderformen: Höchstbetragshypothek, Inhaberhypothek; ferner: Arresthypothek und Zwangshypothek.

3. Die *Gesamthypothek (Korrealhypothek)* wird zur Sicherung einer einheitlichen Forderung an mehreren Grundstücken bestellt, wobei jedes Grundstück und jeder Bruchteil für die ganze Forderung haftet. Der Gläubiger kann sich nach Belieben aus allen oder einzelnen Grundstücken oder Bruchteilen befriedigen.

4. Regelmäßig ist das Kapital der durch Hypothek gesicherten Forderung nach Kündigung in einer Summe fällig *(Kündigungshypothek)*. Vielfach wird die Forderung in Raten abgetragen, so vor allem bei Baukredit von Banken und anderen öffentlichen Anstalten; dafür Eintragung einer *Tilgungshypothek* (Amortisationshypothek oder *Annuitätenhypothek)*. Der Schuldner hat gleich bleibende Jahresleistungen zu erbringen. Da sich die Zinsbelastung bei zunehmender Rückzahlung der Schuldsumme verringert, wird der auf die Schuldsumme fallende Anteil der Tilgungsraten immer höher. Anders bei der Abzahlungshypothek, bei der langsam sinkende Jahresleistungen zu erbringen sind. Gleich bleibt der Betrag zur Tilgung der Schuldsumme, die Zinsleistung sinkt.

5. Mehrere im Rang gleichstehende oder unmittelbar aufeinander folgende Hypotheken desselben Gläubigers können im Grundbuch zu einer einheitlichen Hypothek zusammengefasst werden *(Einheitshypothek)*.

6. Steht die Hypothek einem anderen als dem Eigentümer des belasteten Grundstücks zu, spricht man von *Fremdhypothek*. Tilgt ein Eigentümer, der nicht gleichzeitig persönlicher Schuldner ist, die Forderung, so erwirbt er eine *Eigentümerhypothek*. Anders, wenn er auch persönlicher Schuldner ist. Erlischt die Forderung, so wandelt sich die Hypothek in eine Grundschuld, und zwar, da sie dem Eigentümer zusteht, in eine *Eigentümergrundschuld*.

7. *Vertragshypothek*, Sammelbezeichnung für alle Hypotheken, die aufgrund vertraglicher Vereinbarung zustande kommen, im Gegensatz zur im Wege der Zwangsvollstreckung entstandenen *Zwangshypothek*.

8. *Wertbeständige Hypothek:* Hypothek bei der sich der Wert an einem Inflationsindex orientiert (Wertsicherungsklausel).

9. *Sonderform:* Schiffshypothek.

III. Begründung, Übertragung und Aufhebung

1. Die Hypothek wird *begründet:*

a) vertraglich durch Einigung zwischen Grundstückseigentümer und Gläubiger und Eintragung im Grundbuch. Zu beachten: Die Hypothek steht dem Grundstückseigentümer zu, bis die Forderung entsteht und der Hypothekenbrief übergeben ist.

b) Durch Zwangsvollstreckung als Arresthypothek und Zwangshypothek;

c) kraft Gesetzes.

2. Die *Übertragung* der Hypothek erfolgt durch Abtretung der Forderung (Schriftform, § 1154 BGB) oder Eintragung im Grundbuch und Übergabe des Briefes bei der Briefhypothek, sonst Eintragung im Grundbuch. Gemäß § 1153 BGB geht mit der Übertragung der Forderung die Hypothek auf den neuen Gläubiger über. Mehrfache Übertragung ist zulässig.

3. Die *Zwangsvollstreckung* in eine Hypothekenforderung erfolgt in der Regel durch Pfändungs- und Überweisungsbeschluss mit Briefübergabe bzw. Eintragung im Grundbuch (§§ 830, 837 ZPO).

4. Die Hypothek *erlischt:*

(1) durch vertragliche Aufhebung;

(2) durch Befriedigung des Gläubigers im Wege der Zwangsvollstreckung;

(3) durch Ausfall in der Zwangsvollstreckung (geringstes Gebot). Sie erlischt *nicht* bei Wegfall der durch sie gesicherten persönlichen Forderung; in diesem Fall entsteht eine Eigentümergrundschuld oder auch Eigentümerhypothek.

IV. Finanzierung

Hypotheken dienen der Beschaffung von langfristigem Fremdkapital. Durch die Verkehrshypothek wird Anlagevermögen zur Sicherung eines Kredites benutzt, mit dem andere Anlageteile oder Umlaufvermögen beschafft werden.

Zu *unterscheiden:*

(1) *Zinshypothek* (jährliche Zinszahlung und Gesamtrückzahlung der Darlehenssumme);

(2) *Tilgungshypothek* (jährliche Zinszahlung und Tilgung).

V. Bilanzierung

Hypotheken sind als Posten des Fremdkapitals einzustellen. Wird dem Darlehensnehmer nicht das volle Hypothekendarlehen, sondern mit Abzug (Damnum) ausgezahlt, ist die Verbindlichkeit voll zu passivieren, das Disagio zu aktivieren und während der Laufzeit der Hypothekenschuld oder der Dauer der vereinbarten Zinsfestschreibung abzuschreiben. Das Damnum kann auch als Aufwand des Kreditaufnahmejahres angesetzt werden (§ 250 III HGB).

VI. Bewertungsgesetz

Aktivhypothek und Passivhypothek sind für die steuerliche Bewertung gemäß BewG grundsätzlich mit dem Nennwert anzusetzen. Hypothekenforderungen gehören bei beschränkter Steuerpflicht zum Inlandsvermögen, wenn sie durch inländischen Grundbesitz oder inländische grundstücksgleiche Rechte gesichert sind (§ 121 Nr. 7 BewG). Hypothekenschulden sind als Betriebsschulden oder als sonstige Schulden vom Rohvermögen abzugsfähig. Hypotheken berühren nicht den Einheitswert oder Bedarfswert des Grundbesitzes. Zinsen auf durch Hypotheken an inländischen Grundstücken gesicherte Forderungen sind auch beim Ausländer (beschränkt) steuerpflichtig; auf diesen Steueranspruch wird allerdings in Doppelbesteuerungsabkommen regelmäßig verzichtet.

Illiquidität

1. *Begriff:* Zustand, in dem die flüssigen Mittel und leicht liquidierbaren Vermögensgegenstände *nicht* ausreichen, um die fälligen Verbindlichkeiten (hierzu gehört auch der Kapitaldienst langfristiger Verbindlichkeiten) zu erfüllen. Illiquidität ist *nicht gleichbedeutend* mit Unterbilanz, Verlust oder Überschuldung (auch ein nicht überschuldetes Unternehmen kann illiquide werden).

2. *Arten:*

(1) *Zeitpunkt-Illiquidität:* Illiquidität, auf einen Zeitpunkt bezogen;

(2) *Zeitraum-Illiquidität:* Illiquidität, auf einen Zeitraum bezogen.

3. *Illiquidität und Zahlungsunfähigkeit:* Lässt sich dieser Zustand nicht beheben, so ist Zahlungsunfähigkeit gegeben. Insolvenz durch Zahlungsunfähigkeit lässt sich vermeiden, wenn es gelingt, die Einzahlungen und Auszahlungen zeitlich wieder aufeinander abzustimmen, z. B. durch Aufnahme eines kurzfristigen Kredits, Beschleunigung des Geldeingangs mittels Intensivierung des Mahnwesens, Umwandlung kurzfristiger in langfristige Kredite, Zuführung weiterer Eigenmittel.

4. Für *Kreditinstitute* bestehen gesetzliche Vorschriften zur Vermeidung von Illiquidität.

Indossamentverbindlichkeiten

Die aus Wechselunterschriften entstehenden Eventualverpflichtungen (aus eigenen Ziehungen, aus Bürgschaften, vor allem Wechsel- und Scheckbürgschaften und Avalkrediten sowie aus Indossamenten). Eine Inanspruchnahme ist nur bei Zahlungsunfähigkeit der anderen aus dem Wechsel Verpflichteten zu erwarten; infolgedessen Ausweis außerhalb der Bilanzsumme (unter dem Strich) gemäß § 251 HGB (Haftungsverhältnisse). Von besonderer Bedeutung in der Bankbilanz.

Industriehypothek

Auf industriell genutzte Grundstücke eingetragene Hypothek (heute meist Grundschuld). Wert der Industriehypothek ist kritisch zu beurteilen, da Industrieobjekte bei eingeschränkter Nutzbarkeit und meist nicht gegebener Drittverwendbarkeit sowie eventuell vorhandenen Altlasten und/oder ungünstigem Standort im Insolvenzfall schlecht verwertbar sind. Industriehypotheken sind infolgedessen als dingliche Sicherheit für langfristige Kredite oder Anleihen nur geeignet, sofern im Verwertungsfall eine weiterhin rentable Nutzung gewährleistet ist.

Inhabergrundschuld

Selten vorkommende Form der Grundschuld, bei der der Grundschuldbrief auf den Inhaber ausgestellt wird (§ 1195 BGB). Inhabergrundschuld ist stets Briefgrundschuld.

Innenfinanzierung

Maßnahmen zur Kapitalbeschaffung innerhalb der Unternehmung.

(1) *Innenfinanzierung aus Umsatzprozess:* Hierzu gehören die Innenfinanzierung aus einbehaltenem Gewinn (Selbstfinanzierung), aus Abschreibungen und über die Datierung von Rückstellungen.

(2) *Innenfinanzierung aus Vermögensumschichtung:* Hierzu gehören finanzielle Folgen der Rationalisierung, Desinvestition und Sale-and-Lease-Back-Verfahren (Leasing).

Integrierte Finanzplanung

Mit der Gesamtplanung oder allein mit der Erfolgsrechnung einer Unternehmung koordinierte Finanzplanung. Koordination wegen der Interdependenz der Pläne der einzelnen Funktionsbereiche einer Unternehmung aus planungstechnischen Gründen notwendig, aber wegen hoher Planungskosten nur beschränkt möglich. Bei einer Integration von Finanz- und Erfolgsrechnung dient eine Planbilanz als Zwischenglied.

Internationales Cash Management

Finanzentscheidungen, die die Allokation von Zahlungsmitteln und die Steuerung von Zahlungsströmen im internationalen Unternehmensverbund betreffen. Vom internationalen Cash Management wird gefordert, neben der Gewährleistung der jederzeitigen Zahlungsfähigkeit aller Teileinheiten des internationalen Unternehmens auch dem übergeordneten Rentabilitätsziel Rechnung zu tragen. Besondere Ziele des internationalen Cash Managements sind vor allem Beschleunigung der unternehmensinternen Zahlungen (besonders die zügige Verlagerung von Kassenbeständen vom Ort des Überschusses zum Ort des Bedarfs), bestmögliche Anlage des Liquiditätsüberschusses und Deckung des Finanzbedarfs unter Beachtung des Wechselkursrisikos bei den kurzfristigen Finanztransaktionen durch Wahl geeigneter Absicherungsinstrumente. Insbesondere in internationalen Konzernen kann es einen Zielkonflikt zwischen der konzernweiten Optimierung der internen Verteilung der Zahlungsmittelbestände und der Sicherung der jederzeitigen Zahlungsfähigkeit aller Teileinheiten kommen. Diese Problematik gewinnt in der Insolvenz einzelner Konzerngesellschaften besondere Bedeutung, wenn zuvor die Konzernobergesellschaft im Rahmen des Cash-Managements liquide Mittel aus dieser Gesellschaft abgezogen hat. Ein solches Vorgehen kann unter Umständen eine Haftung der Konzernobergesellschaft auslösen.

Kreditinstitute bieten inzwischen *Cash-Managementsysteme* an. Das Leistungsangebot umfasst „Balance Reporting" (Informationszugriff auf alle weltweit geführten Konten, die über Datenverbund erreichbar sind, einschließlich Saldenübersichten und Fälligkeiten), „Money Transfer" (elektronische Kontendisposition), „Devisen-Netting" (internationales Cash-Clearing zwischen Unternehmenseinheiten in verschiedenen Ländern in der jeweiligen Landeswährung) sowie zum Teil „Treasury Management".

Internationales Finanzmanagement

1. *Begriff:* Das internationale Finanzmanagement umfasst alle Aktivitäten einer grenzüberschreitend tätigen Unternehmung zur Beschaffung, Verwaltung und Verwendung von Kapital. Hierzu bedarf es der koordinierten Zusammenarbeit der mit diesen Aktivitäten betrauten Stellen innerhalb

aller einschlägigen Unternehmenseinheiten in der Mutter- und den ausländischen Tochtergesellschaften.

2. *Ziele:* Grundsätzlich ist von den gleichen Zielen wie im nationalen Finanzmanagement (Rentabilität, Liquidität, Sicherheit, Unabhängigkeit oder Shareholder-Value-Optimierung) auszugehen. Besonderheiten ergeben sich allerdings bei den internationalen Zahlungs- und Kapitalverkehrstransaktionen durch den von güter- oder dienstleistungswirtschaftlichen Aktivitäten ausgelösten Wechsel der Hoheitsgebiete. Dies betrifft besonders das Finanzierungspotenzial im internationalen Unternehmensverbund, Gewinnverwendungsentscheidungen und das Cash Management bei den unternehmensinternen Kapitalmärkten sowie Außenfinanzierungsalternativen und die Eigenkapitalstrukturgestaltung von ausländischen Tochtergesellschaften bei den externen Kapitalmärkten. Aus der gleichzeitigen Betätigung in mehreren Hoheitsgebieten bzw. Kapitalmärkten ergeben sich daher spezifische Subziele, die auf die Handhabung von Länder-, Wechselkurs- und Zinsrisiken, die Gestaltung der Vorsichts- und Transaktionskasse und die steueroptimale Ausgestaltung von Konzernverrechnungspreisen zur Nutzung von Arbitragepotenzialen gerichtet sind.

Investitionskredit

Mittel- bis langfristiger Kredit an Unternehmen zur Finanzierung des Anlagevermögens. Mit diesem Kredit werden vor allem Anlagegüter wie Produktionsanlagen, Lagerhallen oder Fahrzeuge finanziert, die dem Unternehmen langfristig zur Verfügung stehen.

IPO

Abkürzung für *Initial Public Offering (Primary Offering, Going Public);* englisch für *Börsenersteinführung* oder *Börsengang;* erstmaliges öffentliches Angebot einer bislang nicht börsennotierten Aktiengesellschaft (AG) oder Kommanditgesellschaft auf Aktien (KGaA), Aktien des emittierenden Unternehmens zu zeichnen mit der Zielsetzung, diese an einer Wertpapierbörse zum Handel zuzulassen und zu notieren.

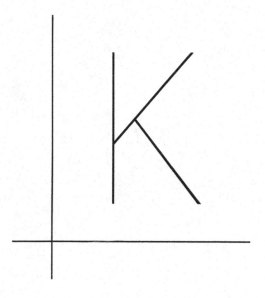

© Springer Fachmedien Wiesbaden GmbH, ein Teil von Springer Nature 2019
Springer Fachmedien Wiesbaden (Hrsg.), *280 Keywords Unternehmensfinanzierun*,
https://doi.org/10.1007/978-3-658-23633-5_6

Kapitalbedarf

Finanzbedarf; Summe der für die unternehmerischen Teilpläne erforderlichen finanziellen Mittel einer Periode. Die Differenz zwischen (Gesamt-) Kapitalbedarf und den aus der Innenfinanzierung zur Verfügung stehenden Mitteln der Periode ist der Betrag, der durch Außenfinanzierung beschafft werden muss.

Kapitalbedarfsrechnung

Ermittlung des einmaligen und/oder laufenden Kapitalbedarfs eines Unternehmens zwecks Errichtung, Erweiterung und Ähnliches.

Verfahren der Kapitalbedarfsrechnung:

(1) Finanzplanung;

(2) grobe Berechnung bzw. Schätzung meist in Form der Kapitalgebundenheitsrechnung, seltener nach Art der Deckungsrechnung (auch berichtigte Liquiditätsrechnung).

Kapitalbeschaffung

Alle Maßnahmen zur Finanzierung von Unternehmungen mit dem Ziel, den Kapitalbedarf auf der Grundlage eines Finanzplans zu decken.

1. *Zu unterscheiden:*

a) nach *Form des Kapitals:*

(1) Beschaffung von Geld,

(2) Beschaffung von Sachgütern.

b) nach *Herkunft des Kapitals:*

(1) Beschaffung von Eigenkapital (Beteiligungen, Einlagen),

(2) Beschaffung von Fremdkapital (Kredite, Darlehen, Anleihen).

2. *Besondere gesetzliche Regelung* für die Kapitalbeschaffung bei AG und KGaA gemäß AktG: Kapitalbeschaffung durch Kapitalerhöhung sowie Ausgabe von Wandelschuldverschreibungen und Gewinnschuldverschreibungen.

Kapitaldienst

Zahlungen von Zinsen und Tilgungen für aufgenommene Kredite.

Kapitalerhöhung

Maßnahme der Finanzierung der Unternehmung durch Erhöhung des Eigenkapitals.

I. Personengesellschaften

1. *Selbstfinanzierung* (Nichtverbrauch von Reingewinnen).

2. *Zusätzliche Kapitaleinlagen bisheriger oder neuer Gesellschafter:* Kapitalerhöhung ist nur mit Zustimmung aller Gesellschafter statthaft, soweit Vertrag oder Satzung nichts anderes bestimmt. Maßgebend für die Höhe der Kapitalerhöhung ist der Kapitalbedarf des Unternehmens.

II. Kapitalgesellschaften

1. *Aktiengesellschaften:*

a) *Effektive Kapitalerhöhung:* Ausgabe junger Aktien zu einem festgelegten Bezugskurs.

(1) *Ordentliche* Kapitalerhöhung (§§ 182–191 AktG): Von der Hauptversammlung mit 3/4-Mehrheit oder einer anderen, in der Satzung festzuschreibenden Mehrheit zu beschließen. Die Unter-Pari-Emission ist verboten; bei Über-Pari-Emission ist der Mindestbezugskurs im Beschluss festzusetzen. Die Altaktionäre erhalten ein Bezugsrecht auf die jungen Aktien; dieses kann mit mind. Dreiviertel-Mehrheit ausgeschlossen werden. Die Kapitalerhöhung kann nur durch Ausgabe neuer Aktien ausgeführt werden. Bei Gesellschaften mit Stückaktien muss sich die Zahl der Aktien in demselben Verhältnis wie das Grundkapital erhöhen. Bei Nennwertaktien wie auch bei Stückaktien ist das Agio gemäß § 272 II HGB in die Kapitalrücklage einzustellen.

(2) *Bedingte* Kapitalerhöhung (§§ 192–201 AktG): Es werden junge Aktien gebildet, die den Inhabern von Wandelschuldverschreibungen aufgrund ihres Umtausch- bzw. Bezugsrechts (Optionsanleihe) bzw. Arbeitnehmern aufgrund von Gewinnbeteiligungen zustehen. Das Bezugsrecht der Altaktionäre ist in diesen Fällen ausgeschlossen. Auch zur Vorbereitung

von Unternehmenszusammenschlüssen wird die bedingte Kapitalerhöhung durchgeführt, um die Eigentümer des übernommenen Unternehmens auszuzahlen.

(3) *Genehmigtes Kapital* (§§ 202–206 AktG): Ermächtigung des Vorstandes durch Satzung oder Beschluss der Hauptversammlung, eine Kapitalerhöhung durchzuführen; Durchführung erfordert dann die Zustimmung des Aufsichtsrats. *Vorteil:* schnellere Reaktion und Anpassung von Emissionsvolumen und Bezugskurs an Kapitalmarktgegebenheiten.

b) *Nominelle Kapitalerhöhung:* Umwandlung von Gewinnrücklagen und Kapitalrücklage in Grundkapital; kein Zufluss finanzieller Mittel, nur Angleichung des nominellen Grundkapitals, (Kapitalerhöhung aus Gesellschaftsmitteln). Aktionäre erhalten Freiaktien.

2. *Gesellschaften mit beschränkter Haftung:*

a) *Formelle Kapitalerhöhung:* Nominelle Erhöhung des Stammkapitals durch Vergrößerung einzelner Stammanteile.

b) Aufruf von *Nachschüssen.*

c) *Kapitalerhöhung aus Gesellschaftsmitteln .*

III. Andere Unternehmensformen

Genossenschaften:

a) *Unmittelbare Kapitalerhöhung:*

(1) Selbstfinanzierung;

(2) Aufruf von Nachschüssen;

(3) Aufnahme neuer Genossen;

(4) Zukauf neuer Anteile von bisherigen Genossen.

b) *Mittelbare Kapitalerhöhung:* Erhöhung der Nachschusspflicht; dient der Erweiterung des Kreditspielraums.

IV. Steuerliche Auswirkungen

1. *Kapitalerhöhung durch Einlagen:* Bewertung der Bar- oder Sacheinlagen (Einlagen).

2. Bei Kapitalerhöhung durch Ausgabe von *Gratisaktien:* Freiaktie.

Kapitalerhöhung aus Gesellschaftsmitteln

I. Begriff

Besondere Form der Kapitalerhöhung bei Kapitalgesellschaften. Kapitalrücklagen und Gewinnrücklagen werden in Grund- bzw. Stammkapital umgewandelt.

II. Durchführung

1. Bei *Aktiengesellschaften* (§§ 207–220 AktG):

a) *Voraussetzungen:* Beschluss der Hauptversammlung mit Dreiviertel-Mehrheit. Anmeldung des Beschlusses zur Eintragung in das Handelsregister. Uneingeschränkter Betätigungsvermerk des Prüfers für die zugrunde gelegte Bilanz (nicht älter als acht Monate).

b) *Umwandlungsfähigkeit:* Gewinnrücklagen können, soweit sie nicht zweckbestimmt sind, in vollem Umfang umgewandelt werden; die Kapitalrücklage und die gesetzliche Rücklage nur, soweit sie den zehnten oder den in der Satzung bestimmten höheren Teil des bisherigen Grundkapitals übersteigen. Weist die zugrunde liegende Bilanz einen Verlust oder Verlustvortrag aus, so ist eine Umwandlung von Kapital- und Gewinnrücklage nicht möglich.

c) *Verfahren:* Mit der Eintragung in das Handelsregister gilt das Grundkapital als erhöht. Die Aktionäre erhalten Freiaktien im Verhältnis ihrer Anteile am bisherigen Grundkapital.

d) *Bedingtes Kapital* erhöht sich in gleichem Maß wie das Grundkapital, eigene Aktien nehmen an der Erhöhung des Grundkapitals teil.

2. Bei *Gesellschaften mit beschränkter Haftung* (§§ 57c ff. GmbHG):

a) *Voraussetzungen:* Gesellschaftsbeschluss mit Dreiviertel-Mehrheit der abgegebenen Stimmen, öffentliche Beurkundung des Beschlusses, Anmeldung zur Eintragung in das Handelsregister.

b) *Verfahren:* Mit Eintragung ist das Nennkapital erhöht. Bildung neuer Anteile für die Gesellschafter oder Erhöhung des Nennbetrages der Anteile im Verhältnis der Anteile am bisherigen Nennkapital.

III. Steuerliche Sonderregelung

Nach dem Gesetz über steuerrechtliche Maßnahmen bei der Erhöhung des Nennkapitals aus Gesellschaftsmitteln (Kapitalerhöhungssteuergesetz) vom 10.10.1967 (BGBl. I 977) unterliegt die Kapitalerhöhung aus Gesellschaftsmitteln nicht den Steuern vom Einkommen und Ertrag (§ 1 KapErtrStG).

IV. Beurteilung

1. *Nachteile:* Neue Anteilsrechte sind ab dem Zeitpunkt des Beschlusses (in der Regel für das ganze laufende Geschäftsjahr) dividendenberechtigt. Im Gegensatz dazu musste das entsprechende Kapital als Rücklage nicht gesondert bedient werden.

2. *Vorteile:* Durch die sinkenden Kurse wird die Fungibilität der Aktie erhöht; auch erhöht sich dadurch bei gleich bleibender Dividende pro Aktie die Dividendenrendite der Aktionäre. Im Gegensatz zur Bindung in den Gewinnrücklagen ist die Ausschüttung der entsprechenden Mittel als Grundkapital nur unter bestimmten Bedingungen (bei einer Kapitalherabsetzung) möglich; die Kreditwürdigkeit des Unternehmens wird dadurch erhöht.

Kapitalflussrechnung

Cashflow Statement, Finanzflussrechnung; eine verfeinerte finanzwirtschaftliche Bewegungsbilanz.

1. *Kennzeichnung:* Eine Kapitalflussrechnung wird im Gegensatz zur Bewegungsbilanz nicht aus der Anfangs- und Schlussbilanz eines Geschäftsjahres (oder einer kürzeren Periode) abgeleitet, vielmehr sollen unter zusätzlicher Verwendung der Aufwands- und Ertragspositionen die Zahlungsströme des Unternehmens dargestellt werden. Bei Erstellung einer internen Kapitalflussrechnung wird auf das Informationsmaterial der Finanzbuchhaltung zurückgegriffen, bei externen Kapitalflussrechnungen auf die Gewinn- und Verlustrechnung (GuV), das Anlagengitter sowie den Anhang. Als Beispiel für den möglichen Aufbau einer Kapitalflussrechnung vgl. Tabelle „Kapitalflussrechnung – Gliederungsschema (Indirekte Methode)".

Kapitalflussrechnung – Gliederungsschema (Indirekte Methode)

1.		Periodenergebnis (einschließlich Ergebnisanteilen von Minderheits-gesellschaftern) vor außerordentlichen Posten
2.	+/–	Abschreibungen/Zuschreibungen auf Gegenstände des Anlagevermögens
3.	+/–	Zunahme/Abnahme der Rückstellungen
4.	+/–	Sonstige zahlungsunwirksame Aufwendungen/Erträge (bspw. Abschreibung auf ein aktiviertes Disagio)
5.	–/+	Gewinn/Verlust aus dem Abgang von Gegenständen des Anlagevermögens
6.	–/+	Zunahme/Abnahme der Vorräte, der Forderungen aus Lieferungen und Leistungen sowie anderer Aktiva, die nicht der Investitions- oder Finanzierungstätigkeit zuzuordnen sind
7.	+/–	Zunahme/Abnahme der Verbindlichkeiten aus Lieferungen und Leistungen sowie anderer Passiva, die nicht der Investitions- oder Finanzierungstätigkeit zuzuordnen sind
8.	+/–	Ein- und Auszahlungen aus außerordentlichen Posten
9.	=	**Cashflow aus laufender Geschäftstätigkeit**
10.		Einzahlungen aus Abgängen von Gegenständen des Sachanlagevermögens
11.	+	Einzahlungen aus Abgängen von Gegenständen des immateriellen Anlagevermögens
12.	–	Auszahlungen für Investitionen in das Sachanlagevermögen
13.	–	Auszahlungen für Investitionen in das immaterielle Anlagevermögen
14.	+	Einzahlungen aus Abgängen von Gegenständen des Finanzanlagevermögens
15.	–	Auszahlungen für Investitionen in das Finanzanlagevermögen
16.	+	Einzahlungen aus dem Verkauf von konsolidierten Unternehmen und sonstigen Geschäftseinheiten
17.	–	Auszahlungen aus dem Erwerb von konsolidierten Unternehmen und sonstigen Geschäftseinheiten
18.	+	Einzahlungen aufgrund von Finanzmittelanlagen im Rahmen der kurzfristigen Finanzdisposition
19.	–	Auszahlungen aufgrund von Finanzmittelanlagen im Rahmen der kurzfristigen Finanzdisposition
20.	=	**Cashflow aus der Investitionstätigkeit**
21.		Einzahlungen aus Eigenkapitalzuführungen (z. B. Kapitalerhöhungen, Verkauf eigener Anteile)
22.	–	Auszahlungen an Unternehmenseigner und Minderheitsgesellschafter (Dividenden, Erwerb eigener Anteile, Eigenkapitalrückzahlungen, andere Ausschüttungen)
23.	+	Einzahlungen aus der Begebung von Anleihen und der Aufnahme von (Finanz-)Krediten
24.	–	Auszahlungen aus der Tilgung von Anleihen und (Finanz-)Krediten
25.	=	**Cashflow aus der Finanzierungstätigkeit**

Die Kapitalflussrechnung kann als retrospektive (so bei Veröffentlichung als Ergänzung zum Jahresabschluss und im Rahmen der Bilanzanalyse) oder als prospektive (Planungsinstrument) Rechnung aufgestellt werden. Wesentliche Ziele der Kapitalflussrechnung als retrospektive Fondsrechnung sind:

(1) die Ermittlung des Finanzbedarfs,

(2) die Darstellung der Deckung des Finanzbedarfs,

(3) der Ausweis der Liquiditätsveränderung der Berichtsperiode anhand eines speziellen Finanzmittelfonds sowie

(4) die Darstellung der Investitions- und Finanzierungstätigkeit. Dabei gliedert sich die Kapitalflussrechnung regelmäßig in die Teilbereiche: laufende Geschäftstätigkeit, Investitionstätigkeit und Finanzierungstätigkeit.

2. *Handelsrecht:* Gemäß § 297 I HGB ist die Kapitalflussrechhnung Teil des Konzernabschlusses. Mit der Verabschiedung des Deutschen Rechnungslegungsstandards zur Kapitalflussrechnung (DRS 2) durch das DRSC erfolgte erstmalig eine notwendige Konkretisierung. Der ursprüngliche Standard DRS 2 zur Kapitalflussrechnung ist mittlerweile durch Inkrafttreten des Nachfolge-Standards DRS 21 zum 01.01.2015 ersetzt worden. Die Ausgestaltung der Kapitalflussrechnung gemäß DRS 2 bzw. nunmehr DRS 21 orientiert sich weitgehend an den bestehenden Vorschriften internationaler Rechnungslegungssysteme (International Financial Reporting Standards (IFRS) bzw. US-GAAP).

Kapitalfonds

Gesamtheit der finanziellen Mittel, die einer Unternehmung zu einem Zeitpunkt zur Verfügung stehen, um den Kapitalbedarf zu decken. Der Kapitalfonds besteht aus dem gebundenen (investierten) und dem nicht gebundenen (nicht investierten) Teil.

Kapitalgebundenheitsrechnung

Verfahren der Kapitalbedarfsrechnung.

Vorgehensweise:

1. Ermittlung des (bei Erweiterung zusätzlichen) Anlagevermögens (Grundstücke, Gebäude, Maschinen und Ähnliches).

2. Ermittlung der (zusätzlichen) Kosten der Kapitalbeschaffung und Ingangsetzung (Gehälter, Steuern, Gebühren, Einführungswerbung unter anderem).

3. Ermittlung des (zusätzlichen) Umlaufvermögens:

(1) bezüglich der täglichen Kostenvorlagen (Arbeits-, Material-, Zins- und andere Kosten) entsprechend den technischen Daten der Anlagen und unter Berücksichtigung eines bestimmten Beschäftigungsgrades;

(2) bezüglich seiner zeitlichen Gebundenheit (in Tagen) nach Produktions-, Lagerdauer, Debitorenziel;

(3) Umlaufvermögen = tägliche Kostenvorlagen · (zeitliche Gebundenheit + Rohstofflager + Kassen- und Bankbestände zur Abwicklung laufender Geschäfte - durchschnittliches Debitorenziel).

4. Die Addition der Ergebnisse von 1 bis 3 ergibt den Kapitalbedarf (ohne Berücksichtigung der Lieferantenkredite).

Kapitalherabsetzung

Verringerung des Grund- bzw. des Stammkapitals einer Kapitalgesellschaft.

Zu unterscheiden:

1. *Nominelle Kapitalherabsetzung:* Ausgleich von Verlusten oder Wertminderungen durch Anpassung des Eigenkapitals (Sanierung).

2. *Effektive Kapitalherabsetzung:* Rückzahlung eines Teils des Grundkapitals oder Umwandlung von Grundkapital in Rücklagen.

Kapitalkosten

1. *Begriff:* Kosten für das zur Verfügung gestellte Kapital.

2. *Arten:*

a) *Explizite Kapitalkosten:* Effektive Zahlungen für Zinsen bei Aufnahme von Fremdkapital an den Gläubiger. Ist der Rückzahlungsbetrag gleich dem Kreditbetrag, so bestehen die Kapitalkosten nur aus den zu zahlenden Zinsbeträgen. Wird dagegen bei Auszahlung des Kredits ein Disagio eingehalten, so erhöht dies die Kapitalkosten des Kreditnehmers. Der Kapitalkostensatz des Fremdkapitals entspricht nun dem internen Zinsfuß der Kreditzahlungsreihe. Da die Zinszahlungen für Fremdkapital steuerlich abzugsfähig sind, werden die Fremdkapitalkosten nach Steuern ermittelt.

b) *Implizite Kapitalkosten:* Opportunitätskosten.

3. Im Rahmen der Investitionsrechnung werden die Kapitalkosten als *Kalkulationszinsfuß* zur Ermittlung des Kapitalwerts eines Investitionsobjekts verwendet: Die Einzahlungsüberschüsse eines Objekts werden mit dem durchschnittlichen Kapitalkostensatz, einer gewichteten Zusammenfas-

sung der Kapitalkosten für Fremdkapital (explizite Kapitalkosten) und derjenigen für Eigenkapital (implizite Kapitalkosten) diskontiert. Dabei entspricht die Gewichtung der Kapitalarten ihrem Anteil am Kapitaleinsatz für das betrachtete Objekt.

Kapitalmarkt

1. *Charakterisierung:* Markt für mittel- und langfristige Kapitalanlage und -aufnahme (Laufzeit von mehr als einem Jahr). Der Unterschied zwischen Kapitalmarkt und dem Bankenkredit-/Einlagenmarkt, auf dem ebenfalls langfristige Mittel gehandelt werden, besteht darin, dass die am Kapitalmarkt entstehenden Forderungen besonders fungibel sind.

2. *Arten:*

a) *Organisierter Kapitalmarkt,* dessen ausgeprägteste Form die Börse ist: In der Regel alle längerfristigen Transaktionen unter Einschaltung von Kreditinstituten und Kapitalsammelstellen. Der organisierte Kapitalmarkt unterliegt der staatlichen Aufsicht.

b) *Nicht organisierter Kapitalmarkt:* Dazu zählen vor allem Kreditbeziehungen zwischen Unternehmen (z. B. langfristiger Lieferantenkredit) und zwischen privaten Haushalten sowie zwischen Unternehmen und Haushalten.

Kapitalmarkttheorie

Untersucht den Zusammenhang zwischen Risiko und (erwartetem) Ertrag der Geldanlage in risikobehafteten Vermögensgegenständen, z. B. Aktien, auf einem vollkommenen Kapitalmarkt. Die Kapitalmarkttheorie ist aus der Portfoliotheorie entwickelt worden und analysiert, welche Wertpapierkurse bzw. Wertpapierrenditen sich im Gleichgewicht auf einem vollkommenen Kapitalmarkt einstellen.

Kapitalumschlag

Kennzahl für das Verhältnis von Umsatz zu Eigen- oder Gesamtkapital. Der Kapitalumschlag zeigt, wie viele Geldeinheiten Umsatz mit einer Geldeinheit Eigen- oder Gesamtkapital erwirtschaftet wurden.

Kapitalverwässerung bei Aktiengesellschaften

Kapitalerhöhung durch Ausgabe von Gratisaktien oder Aktien unter dem Kurs der alten Aktien (jedoch nicht unter pari, da gemäß § 9 I AktG gesetzlich unzulässig). Sie wird vorgenommen, wenn Aktien zu „schwer" geworden sind, d. h., wenn der Kurs infolge großer Reserven der AG unverhältnismäßig hoch ist.

Kasse

1. *Barmittelbestand* in Industrie-, Handels- und Handwerksunternehmungen und sonstigen wirtschaftlichen Betrieben sowie in Kreditinstituten; liquide Mittel ersten Ranges.

Umfang:

(1) Für Kreditinstitute besteht die Vorschrift, im Interesse ihrer Liquidität eine bestimmte Barreserve zu halten (§ 11 KWG).

(2) Für sonstige wirtschaftliche Unternehmungen ergibt sich der Umfang dieser zinslosen Bestände aus den Anforderungen für die Zahlungsbereitschaft; im Übrigen Liquiditätsreserven durch Bankguthaben.

2. In der *Buchführung:* Kurzbezeichnung für das Kassekonto.

Kassenhaltung

1. *Begriff:* Halten von Bar- und Buchgeldbeständen, um zukünftige Zahlungsverpflichtungen termin- und betragsgenau erfüllen zu können.

2. *Problem der optimalen Kassenhaltung:* Ergibt sich, da diese Verpflichtungen bezüglich des Zeitpunkts ihres Eintreffens und ihrer Höhe teilweise unsicher sind. Ist der Kassenbestand höher als die anfallenden Auszahlungen, so entstehen dem Unternehmen Opportunitätskosten; ist er niedriger als die anfallenden Auszahlungen, treten Verzugszinsen oder Fehlmengenkosten auf. Die dann notwendige Anpassung des Kassenbestandes verursacht zusätzlich Transferkosten (Gebühren, Provisionen).

3. *Lösungsansätze:* Ein Lösungsansatz besteht in der Anwendung zweiseitiger Bestellpunktverfahren: Überschreitet der Kassenbestand eine Obergrenze, so wird der überschießende Teil kurzfristig investiert; unterschreitet er eine Untergrenze, so wird er (z. B. durch Auflösung anderer

Guthaben) erhöht. Liegt der Kassenbestand zwischen den Bestellpunkten, so ist wegen der zu hohen Transaktionskosten Nichtstun optimal. Die Festlegung der Bestellpunkte kann durch Schätzung der Wahrscheinlichkeitsverteilung der zukünftigen Geldnachfragen aus Vergangenheitsdaten der Unternehmung erfolgen.

Kreditfinanzierung

Form der Fremdfinanzierung, bei der die Kapitalbeschaffung einer Unternehmung durch Aufnahme von Krediten erfolgt.

1. *Im weiteren Sinne:* Beschaffung jeder Art von Fremdkapital (langfristig in Form von Anleihen, Wandelschuldverschreibungen, Hypothekarkredit, Darlehen; kurzfristig in Form von Bankkredit, Lieferantenkredit, Akzepten, Kundenkredit).

2. *Im engeren Sinne:* Beschaffung von (meist kurzfristigem) Bankkredit.

Kreditkauf

Kauf von Wirtschaftsgütern, bei dem die Leistung des Käufers (Bezahlung) zu einem späteren Zeitpunkt erfolgt und der Verkäufer bis zu diesem Zeitpunkt die Gegenleistung kreditiert.

1. Kreditkauf von *Kaufleuten* im Rahmen der vereinbarten Lieferungs- und Zahlungsbedingungen (Zielkauf).

2. Kreditkauf von *Konsumenten* als Teilzahlungs- bzw. Abzahlungsgeschäft.

Kreditkosten

Kosten der Inanspruchnahme eines Kredits, bestehend aus Zins, Provisionen sowie Auslagen und Nebenkosten. Im Bereich des Verbraucherkredits (Verbraucherdarlehen) schreibt § 492 BGB die Angabe von Zinsen und aller sonstigen Kosten im schriftlichen Kreditvertrag vor. Bei Überziehungskrediten gelten §§ 493, 504 BGB. Bei Verbraucherdarlehen sind die Vorschriften der Preisangabenverordnung zu beachten (Preisaushang, Angabe des Effektivzinses). Diese Bestimmungen betreffen nur Kredite an Letztverbraucher (vgl. § 6 der Preisangabenverordnung (PAngV) i. d. F. vom 18.10.2002 (BGBl. I 4197) m.spät.Änd.

Kreditlimit

Einem Kunden aufgrund seiner Kreditwürdigkeit eingeräumter Kredit-Höchstbetrag.

Kreditlinie

1. *Kreditgeschäft:* Einem Kreditnehmer entsprechend der Kreditzusage eingeräumter Kreditrahmen. Die Krediteinräumung kann nach außen dokumentiert (Kreditvertrag) oder intern von der Bank festgesetzt worden sein.

Offene Kreditlinien entstehen, wenn die eingeräumten Höchstbeträge nicht beansprucht werden.

2. *Außenhandel:*

Beträge, bis zu denen

(1) bei bilateralen Verrechnungsabkommen ein Land vom Partnerland Kredit erhalten darf;

(2) bei multilateralen Verrechnungsabkommen ein Land (Mitglied) Kredit gewähren muss und/oder Kredite von der multilateralen Verrechnungsstelle erhalten kann.

Kreditrationierungsthese

These über die Reaktion von Kreditgebern auf steigendes Ausfallrisiko durch erhöhten Verschuldungsumfang des Kreditnehmers: Der Kreditgeber schränkt den Kreditumfang ein.

Kreditreserve

Teil der einer Unternehmung zur Verfügung stehenden oder gegebenenfalls realisierbaren Kreditsumme (z. B. offene Kreditlinie), der nicht zur Abdeckung von laufenden Verbindlichkeiten verwandt werden darf, weil er für den Fall zurückbehalten werden muss, dass unerwartet Kapitalbedarf eintritt.

Kreditsicherheiten

1. *Begriff:* Vermögensgegenstände (Sachen und Rechte), die den Gläubiger gegen das Ausfallrisiko (Kreditrisiko) aus einer Kreditgewährung absichern sollen. Auf Sicherheiten bestehen Kreditinstitute vor allem im mittel- und langfristigen Bereich, weil dort der Verlass auf die weiter bestehende Kreditwürdigkeit (Bonität) des Kreditnehmers angesichts der nicht vorhersehbaren künftigen wirtschaftlichen Entwicklungen oft nicht gegeben und daher die Gewährung eines Blankokredites mit nicht vertretbaren Risiken verbunden ist.

2. *Arten:*

(1) Nach der Art des Sicherungsgegenstandes: Personensicherheiten, Sachsicherheiten;

(2) im Hinblick auf die Abhängigkeit von der zu sichernden Forderung: Akzessorische Kreditsicherheiten, nicht akzessorische (abstrakte) Kreditsicherheiten (vgl. Abbildung „Kreditsicherheiten – Arten").

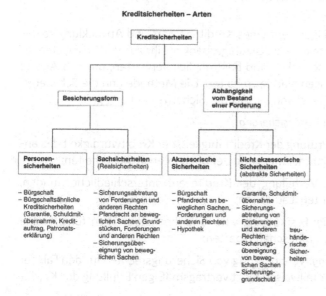

3. *Qualität:* Bei Personensicherheiten bildet das gesamte der Zwangsvollstreckung unterliegende Vermögen (abzüglich der Schulden) des

Sicherungsgebers die Vermögens- und damit Sicherungsgrundlage. Bei Sachsicherheiten entscheidet der zu ermittelnde Wert des Sicherungsgegenstandes. Die Werthaltigkeit soll während der Laufzeit des Kredites erhalten bleiben. Die Qualität der Bewertung erweist sich regelmäßig im Insolvenzverfahren. Personensicherheiten versagen im Insolvenzverfahren des Sicherheitengebers, weil sie nur eine einfache Insolvenzforderung darstellen, während die Sachsicherheiten ein bevorzugtes Recht in Form der Absonderung gemäß §§ 49 ff. InsO gewähren.

4. *Ersatzsicherheiten:* Als Ersatzsicherheiten haben sich Patronatserklärungen, Organschaftserklärungen sowie Negativ-Erklärungen und Positiverklärungen, der Kommanditrevers und das Zurücktreten mit Forderungen herausgebildet.

5. *Überwachung:* Abhängig von der Art der Kreditsicherheit wird das Kreditinstitut im Rahmen der Kreditüberwachung von Zeit zu Zeit untersuchen, ob die Sicherheit noch vorhanden und in gutem Zustand ist, und deren Wert überprüfen.

6. *Verwertung:* Bei Insolvenz eines Kreditnehmers und Abwicklung seines Kreditengagements wird die Gläubigerbank die ihr zur Verfügung stehenden Sicherheiten schnellst- und bestmöglich verwerten, um den Ausfall an Kapital und Zinsen niedrig zu halten. Die Methode und die Schwierigkeit der Verwertung ist von der Art der Sicherheit abhängig.

7. *Maßnahmen der Kreditsicherung:*

a) *Kreditprüfung:* Prüfung der Kreditfähigkeit, der Kreditwürdigkeit des antragstellenden Kreditnehmers und der angebotenen Sicherheiten;

b) *Kreditstreuung:* Verteilung der Kredite auf unterschiedliche Kunden, Branchen, Kreditarten, Laufzeiten;

c) *Kreditlimitierung:* Festsetzung von Kredithöchstbeträgen für einzelne Kunden, Kreditarten, Geschäftssparten;

d) *Kreditbesicherung:* Vereinbarung von Sicherungsrechten für den Fall der vollständigen oder teilweisen nicht vertragsmäßigen Erfüllung des Kreditvertrages;

e) *Kreditüberwachung:* Überwachung von Zinszahlungen, Tilgungen, Kreditlimits, Sicherheiten, der künftigen Entwicklung der Kreditwürdigkeit des Schuldners.

Vgl. Abbildung „Kreditsicherheit – Maßnahmen der Kreditsicherung".

Maßnahmen der Kreditsicherung

Kreditsicherung

— **Kreditprüfung**
Prüfung der
– Kreditfähigkeit
– Kreditwürdigkeit
– angebotenen Sicherheiten
  des den Antrag stellenden Kreditnehmers

— **Kreditstreuung**
Verteilung der Kredite
  auf unterschiedliche
– Kunden
– Branchen
– Kreditarten
– Laufzeiten

Kreditlimitierung
Festsetzung von Kredithöchstbeträgen für
– einzelne Kunden
– Kreditarten
– Geschäftssparten

Kreditbesicherung
Vereinbarung von Sicherungsrechten
für den Fall der
– vollständigen
oder
– teilweisen nicht vertragsgemäßen
  Erfüllung des Kreditvertrages

— **Kreditüberwachung**
Überwachung von
– Zinszahlungen
– Tilgungen
– Kreditlimiten
– Sicherheiten
– Kreditwürdigkeit

Kreditwürdigkeitsprüfung

Analyse der persönlichen und wirtschaftlichen Verhältnisse eines potenziellen Kreditnehmers zur Abschätzung des mit einer Kreditvergabe verbundenen Risikos. Das Ergebnis der Kreditwürdigkeitsprüfung dient als Entscheidungsgrundlage für die Gewährung beauftragter bzw. die Belassung eingeräumter Kredite.

Kundenkredit

1. *Einem Kunden gewährter Kredit:* Art der Aktivfinanzierung zur Absatzsicherung bei Käufermarkt oder zur Einflussnahme auf die Geschäftsführung des Kunden.

2. *Von dem Lieferanten bei einem Kunden in Anspruch genommener Kredit:* Art der Passivfinanzierung, dient zur Vorfinanzierung von und als Sicherheit für in Auftrag gegebene hochwertige Spezialobjekte oder zur Sicherung des Warenbezugs bei Verkäufermarkt (Kundenanzahlungen).

Kursverwässerung

Maßnahmen mit kurssenkender Wirkung bei der Finanzierung der AG durch Ausgabe von Gratisaktien oder zusätzlicher junger Aktien unter dem Kurswert (jedoch nicht unter pari) der alten Aktien. Kursverwässerung als Mittel der Finanzierungspolitik soll einen infolge Ansammlung hoher Rücklagen (meist durch Selbstfinanzierung entstandene offene und stille Reserven) hervorgerufenen überhöhten Kurs abschwächen und damit eine bessere Handelbarkeit der Aktien ermöglichen.

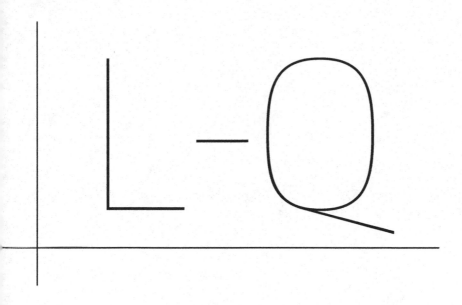

Leasing

I. Vertragsformen

1. Vertragsbestandteile:

(1) Grundmietzeit, in der in der Regel kein Kündigungsrecht für den Leasingnehmer zugelassen wird;

(2) Vereinbarung von Verlängerungs- oder Kaufoptionen nach Ablauf der Grundmietzeit;

(3) Höhe der zu entrichtenden Leasingraten;

(4) Übernahme der Gefahr des zufälligen Untergangs oder der wirtschaftlichen Entwertung (Investitionsrisiko) durch Leasinggeber oder Leasingnehmer;

(5) eventuell Vereinbarungen über Wartung und Pflege des Leasingobjekts.

2. Arten der Vertragsgestaltung:

a) *Operate-Leasingverträge:* Entsprechen Mietverträgen im Sinn des BGB. Die Kündigung des Vertrags ist in der Regel bei Einhaltung gewisser Fristen möglich. Der Leasinggeber trägt das gesamte Investitionsrisiko.

b) *Finanzierungs-Leasing-Verträge:* Eine bestimmte Grundmietzeit ist unkündbar. Nach deren Ablauf wird dem Leasingnehmer in der Regel eine Verlängerungs- oder Kaufoption eingeräumt. Das Investitionsrisiko trägt der Leasingnehmer. Bei Finanzierungs-Leasing-Verträgen mit Verbrauchern gilt § 506 II BGB.

c) *Sale-and-Lease-back-Verträge:* Das Leasingobjekt wird von der Leasinggesellschaft dem Leasingnehmer erst abgekauft und anschließend wieder vermietet bzw. verpachtet.

II. Erscheinungsformen

Für Leasingverhältnisse besteht eine Vielzahl von Vertragstypen. Diese lassen sich nach unterschiedlichen Kriterien systematisieren. Oftmals werden Leasingverträge anhand folgender Kriterien eingeteilt:

(1) Art des Leasingobjekts (z. B. Auto-, Maschinen-, Computer-Leasing);

(2) Mobilität des Leasingobjekts (Mobilienleasing/Immobilienleasing);

(3) Art der Vertragspartner (Privat-Leasing/gewerbliches Leasing);

(4) Verhältnis des Leasinggebers zum Leasingnehmer (direktes Leasing/ indirektes Leasing);

(5) Verhältnis des Leasinggebers zum Hersteller (Sale-and-lease-back);

(6) Kalkulation der Grundmietzeit (Vollamortisationsverträge, d.h die ge-zahlten Leasingraten gleichen die Anschaffungs- bzw. Herstellungskosten und entstandenen Finanzierungs- und Verwaltungskosten mind. aus/Teil-amortisationsverträge, d. h. die gezahlten Leasingraten gleichen die Kos-ten des Leasinggebers am Ende der Grundmietzeit nicht aus und es ver-bleibt ein Restbetrag).

Leverage-Effekt

Hebelwirkung der Kapitalstruktur, Hebelwirkung des Verschuldungsgrades, Hebelwirkung des Fremdkapitals; Änderung der erwarteten Eigenkapital-rendite aufgrund der Substitution von Eigen- durch Fremdkapital. Es gilt:

$$r_E = r_G + (r_G - i)\frac{FK}{EK}$$

mit r_G = erwartete Rendite auf das eingesetzte Gesamtkapital, r_E = erwar-tete Rendite auf das eingesetzte Eigenkapital, i = Fremdkapitalzinssatz, FK = Fremdkapital, EK = Eigenkapital. Ist die erwartete Gesamtkapitalrendite größer als der Fremdkapitalzinssatz i und sind beide unabhängig von der Kapitalstruktur bzw. vom Verschuldungsgrad gegeben, steigt die erwarte-te Eigenkapitalrendite linear mit dem Verschuldungsgrad. Aus der ge-nannten Gleichung kann gefolgert werden: Je höher der Verschuldungs-grad, desto höher die erwartete Eigenkapitalrendite.

Der Leverage-Effekt gilt jedoch auch in umgekehrter Richtung: Liegt die erwartete Gesamtkapitalrendite unter dem Fremdkapitalzinssatz, sinkt die erwartete Eigenkapitalrendite linear mit dem Verschuldungsgrad.

Leveraged Buyout (LBO)

Kreditfinanzierter Kauf eines Unternehmens, bei dem die Kreditmittel vor allem aus dem zukünftigen Cashflow des Zielunternehmens zurückge-führt werden sollen.

Liquidation

Abwicklung der Geschäfte einer aufgelösten Handelsgesellschaft; aus einer vorher werbenden Gesellschaft ist eine „sterbende Gesellschaft" geworden.
Buchhalterische Durchführung: Abwicklungsbilanz.
Finanztechnische Durchführung: Finanzierung.

Liquidationsverkauf

Veräußerung von Gegenständen des Anlage- und Umlaufvermögens im Fall der Insolvenz zum Zwecke der Erzielung flüssiger Mittel. Unter Umständen werden beim Liquidationsverkauf steuerpflichtige Liquidationsgewinne erzielt.

Liquidationswert

Summe der Veräußerungswerte der einzelnen Vermögensteile eines Unternehmens bei der Auflösung. Die Höhe des Liquidationswertes ist stark von dem zur Verfügung stehenden Zeitrahmen abhängig.

Liquidieren

In Zahlungsmittel umwandeln.

Liquidität

1. *Begriff:* Fähigkeit und Bereitschaft eines Unternehmens, seinen bestehenden Zahlungsverpflichtungen termingerecht und betragsgenau nachzukommen. Die Sicherung der Liquidität besteht in der Aufgabe, Geld und liquidisierbare Vermögensgegenstände (Fungibilität) zum Zweck der zeitpunktgerechten Kapitalbeschaffung bereitzustellen.

2. *Determinanten:*

a) *Güterwirtschaftliche Liquidität:* Tausch- bzw. Veräußerungsfähigkeit von Wirtschaftsgütern. Güter haben – abhängig von ihren technischen Eigenschaften und Zeit- bzw. Kostenaufwand der Käufersuche – unterschiedliche Liquiditätsgrade.

b) *Verliehene Liquidität:* Mögliche Beleihbarkeit eines Wirtschaftsguts durch ein Kreditinstitut. Diese Art der Gewinnung von Liquidität hat den Vorteil, dass das entsprechende Wirtschaftsgut nicht veräußert werden muss und so Verluste durch schnelle erzwungene Veräußerung nicht auftreten.

c) *Zukünftige Liquidität:* Fähigkeit, durch zukünftige Erträge zu einem späteren Zeitpunkt Liquidität zu erlangen. Sie wird anhand des Finanzplans gemessen.

d) *Antizipierte Liquidität:* Ein Unternehmen lässt seine zukünftigen Überschüsse durch ein Kreditinstitut beleihen. Diese Bereitstellung von Kapital ohne Sicherheiten durch das Kreditinstitut erfordert eine strenge Kreditwürdigkeitsprüfung.

3. *Arten:*

a) *Vertikale Liquidität:* Prozess der Geldwerdung von Vermögensgegenständen („Verflüssigung") entsprechend den Zahlungsverpflichtungen.

b) *Horizontale Liquidität:* Grad der Belastung von Kapitalansprüchen (Zins, Tilgung).

Liquiditätserhaltung

Maßnahmen, die die Zahlungsbereitschaft einer Unternehmung sicherstellen sollen. Hauptaufgabe unternehmerischer Finanzierungspolitik. Betrifft im weiteren Sinne Kapitalbeschaffung, Verhältnis von Eigen- und Fremdkapital, im engeren Sinne Geldbeschaffung zur Gewährleistung kurzfristiger Liquiditätserhaltung. Zur Vorbereitung, Durchführung und Kontrolle der Liquiditätserhaltung dient die Finanzplanung.

Liquiditätsgrad

1. *Begriff:* Kennzahl, die das Verhältnis von flüssigen Mitteln zu Zahlungsverpflichtungen ausdrückt; auch als *Deckungsgrad* bezeichnet. Der Liquiditätsgrad zeigt, wie oft die kurzfristigen Verbindlichkeiten durch Umlaufvermögensteile unter der Annahme gedeckt sind, die bilanziellen Wertansätze der Vermögensgegenstände ließen sich als Verkaufserlös

erzielen. Im Rahmen der Bilanzanalyse besteht allerdings das Problem, dass die Bilanzen lediglich Stichtagsbestände an Vermögen und Kapital aufweisen. Dies hat zur Folge, dass eine Vielzahl liquiditätswirksamer Informationen der Bilanz nicht entnommen werden kann. So fehlen z. B. Angaben über die aus den zahlreichen Dauerschuldverhältnissen resultierenden Zahlungsmittelbewegungen, über Verpflichtungen und Ansprüche aus schwebenden Geschäften bzw. über kurzfristig verfügbare oder mobilisierbare Finanzreserven.

2. Arten:

1. Liquidität 1. Grades:

$$\frac{\text{liquide Mittel}}{\text{kurzfristige Verbindlichkeiten}} \cdot 100$$

2. Liquidität 2. Grades (Quick Ratio):

$$\frac{\text{liquide Mittel} + \text{kurzfristige Forderungen}}{\text{kurzfristige Verbindlichkeiten}} \cdot 100$$

3. Liquidität 3. Grades (Current Ratio):

$$\frac{\text{liquide Mittel} + \text{kurzfristige Forderungen} + \text{Warenbestände}}{\text{kurzfristige Verbindlichkeiten}} \cdot 100$$

Liquiditätsplan

1. Begriff: Im Bereich der betrieblichen Teilpläne ist der Liquiditätsplan im Rahmen der Finanzplanung als Einnahmen-/Ausgabenplan einzuordnen, wobei Schnittstellen zum Erfolgs-, Investitions-, Produktions- und Lagerplan bestehen. Aufgrund der von der Unternehmensleitung oder den zuständigen Stabsstellen prognostizierten Vorgaben (Umsätze, Zahlungsziele der Kunden und bei Lieferanten, Einkäufe, nicht ausgenutzte Kreditlinien von Betriebsmittelkrediten, anstehende Investitionen und noch nicht valutierte Darlehen, Darlehenstilgungen) wird im Allgemeinen zunächst in der Form eines mittelfristigen (ein bis vier Jahre) Rahmenplans geplant, der alle erwarteten Zahlungsflüsse in der Prognoseperiode aufnimmt. Dabei nimmt die Planungsunsicherheit mit wachsender Entfernung der Planperiode vom Planungszeitpunkt immer mehr zu. Die kurzfristigen Liquiditätspläne fügen sich in den Rahmenplan ein; sie werden wochen-, monats- oder quartalsweise bis zu jährlich aufgestellt. Vgl. auch Abbildung „Liquiditätsplan – Muster".

Liquiditätsplan – Muster

Liquiditätsplan	Periode (Woche, Monat, Quartal, Jahr)	Periode	Periode	Periode
Vorgaben				
Umsatz (o. MwSt)				
Waren-/Materialeinkäufe				
Kunden-/Lieferantenziel ... Tage				
Einnahmen und Ausgaben				
Kundenzahlungen				
Sonstige Einnahmen				
Einnahmen (inkl. Mehrwertsteuer)				
Roh-, Hilfs- u. Betriebsstoffe				
Fremdleistungen				
Handelswaren				
Bezugskosten				
Personalkosten				
Mieten/Raumkosten				
Verwaltungskosten				
Fahrzeugkosten				
Vertriebskosten				
Betriebliche Steuern				
Beiträge, Gebühren				
Versicherungen				
Sonstige Kosten				
Kreditkosten				
Darlehenstilgungen				
Geschäftsführervergütung				
Körperschaft-, Gewerbesteuer				
Gewinnausschüttung				
Umsatzsteuer-Zahllast				
Wechseleinlösungen				
Privatentnahmen (Personenfirma)				
Privatsteuern (Personenfirma)				
Ausgaben (inkl. MwSt)				
Investitionen				
Darlehensauszahlungen				
Anlagenverkäufe				
Außerordentlicher Bereich				
Gesamtsaldo				
Liquiditätssaldo-Vortrag				
Liquidität (kumuliert)				

2. *Zweck:* Jederzeitige Sicherstellung der betrieblichen Zahlungsfähigkeit durch Ergreifen rechtzeitiger Vorsorgemaßnahmen aufgrund sich aus dem Liquiditätsplan ergebender Tendenzen. Vorsorgemaßnahmen können z. B. sein:

(1) Erhöhung von Betriebsmittelkreditlinien, Stellung von Darlehensanträgen;

(2) Einflussnahme auf die Zahlungsströme bei Kunden (durch Änderung der Zahlungsbedingungen) oder bei Lieferanten (Verzicht auf Skontierung, Verlängerung der Zahlungsziele);

(3) Hinausschiebung nicht unbedingt notwendiger Ausgaben/Investitionen.

Liquiditätspolitik

Gesamtheit der Maßnahmen, die der Aufrechterhaltung der Zahlungsbereitschaft (Liquidität) einer Unternehmung dienen.

Liquiditätsrisiko

Gefahr, anstehenden Zahlungsverpflichtungen nicht mehr uneingeschränkt und fristgerecht nachkommen zu können. Liquiditätsrisiken beinhalten damit stets auch Fristigkeitsrisiken.

Zu *unterscheiden:* Refinanzierungsrisiko, Terminrisiko und Abrufrisiko.

Liquiditätsstützen

Summe der notfalls zur Verfügung stehenden Kreditbereitschaft (vor allem nicht beanspruchter, aber zugesagter kurzfristiger Kontokorrentkredite) zur Sicherstellung der Zahlungsbereitschaft, falls die zur Erfüllung von Zahlungsverpflichtungen erforderlichen Mittel aus dem Kapitalumschlag nicht eingehen. Liquiditätsstützen werden bei Ermittlung der relativen Liquidität den liquiden Mitteln 1. bis 3. Grades (Liquiditätsgrad) zugerechnet.

Lohmann-Ruchti-Effekt

Kapazitätserweiterungseffekt, Kapazitätsfreisetzungseffekt; die nach Lohmann und Ruchti benannte, jedoch von Marx und Engels zuerst beschriebene Wirkung der verbrauchsbedingten Abschreibungen als eine Quelle der Neuinvestition.

1. *Begriff:* Der Lohmann-Ruchti-Effekt beruht auf der Tatsache, dass in den Verkaufspreisen der hergestellten Erzeugnisse der Abschreibungswert für die Anlagennutzung in der Regel früher vergütet wird, als er für die verschleißbedingte Erneuerung der Anlagegüter benötigt wird, von denen die Abschreibungsbeträge stammen, d. h., dass die Verflüssigung des im Anlagevermögen gebundenen Kapitals und das Ausscheiden verbrauchter Anlagegüter aus dem Produktionsprozess zeitlich auseinanderfallen. Werden die in diesem Sinn vorweggenommenen Abschreibungsbeträge laufend investiert, so führt das zu einer Anlagenexpansion, ohne dass es (theoretisch) der Zuführung neuer Mittel (durch Aufnahme von Fremdkapital oder Erhöhung des Eigenkapitals) bedarf.

2. *Beispiel:* Zehn Maschinen von je 10.000 Wert und einer Nutzungsdauer von je fünf Jahren werden linear abgeschrieben, der Abschreibungsgegenwert wird laufend investiert. Es ergibt sich eine Erweiterung der Kapazität bei gleichbleibendem Kapitaleinsatz (Sp. 3 und 6; vgl. Tabelle „Lohmann-Ruchti-Effekt").

Lohmann-Ruchti-Effekt

Jahre	Anzahl der Maschinen	Gesamtwert der Anlagen	Summe der Abschreibungen	Reinvestition	Abschreibungsrest
1	2	3	4	5	6
1	10	100.000	20.000	20.000	–
2	12	100.000	24.000	20.000	4.000
3	14	96.000	28.000	30.000	2.000
4	17	98.000	34.000	30.000	6.000
5	20	94.000	40.000	40.000	6.000
6	14	94.000	28.000	30.000	4.000
7	15	96.000	30.000	30.000	4.000
8	16	96.000	32.000	30.000	6.000
9	16	94.000	32.000	30.000	8.000
10	16	92.000	32.000	40.000	–
11	16	100.000	32.000	30.000	2.000
12	16	98.000	32.000	30.000	4.000
13	16	96.000	32.000	30.000	6.000
14	16	94.000	32.000	30.000	8.000
15	16	92.000	32.000	40.000	–
16	16	100.000	32.000	30.000	2.000
17	16	98.000	32.000	30.000	4.000
18	16	96.000	32.000	30.000	6.000
19	16	94.000	32.000	30.000	8.000
20	16	92.000	32.000	40.000	–

3. *Berechnung:* Der *Kapazitätserweiterungseffekt* (KEF) hat dabei folgendes Ausmaß:

$$KEF = \frac{2n}{n+1} = \frac{2}{1+\frac{1}{n}}$$

mit n = Nutzungsdauer einer einzelnen Anlage in Jahren. Als Prämissen werden unterstellt:

(1) gegebene Ausgangskapazität und homogene Aggregate,

(2) konstante Wiederbeschaffungspreise,

(3) Investition am Jahresende,

(4) Abschreibungsdauer entspricht Nutzungsdauer,

(5) keine Zinseffekte und

(6) Abschreibungsgegenwerte werden auch am Markt vergütet.

Lombardkredit

Von der Zentralbank gegen Verpfändung von Wertpapieren und Schuldbuchforderungen gewährter kurzfristiger Kredit. Die Deutsche Bundesbank hatte nach § 19 BBankG das Recht, aber nicht die Pflicht, Kreditinstituten Darlehen gegen Hinterlegung von Schuldtiteln zu geben, die im Verzeichnis der bei der Bundesbank beleihbaren Wertpapiere (Lombardverzeichnis) näher bestimmt waren. Mit der Gründung der Europäischen Währungsunion ist diese Zuständigkeit auf die EZB übergegangen und wurde der Lombardkredit durch deren Spitzenrefinanzierungsfazilität abgelöst.

Mantelgründung

Gründung einer Kapitalgesellschaft, die nicht auf einen bestimmten Unternehmensgegenstand und Gesellschafterkreis ausgelegt ist, sondern als Gesellschaft mit allgemeinen Bestimmungen über Namen und Gegenstand auf „Vorrat" gegründet wird und bei der die spätere Anpassung an die wirtschaftliche Verwendung durch Satzungsänderung erreicht werden soll. Die Gründung erfolgt zumeist durch Rechtsanwälte, Notare oder Steuerberater um Freiheit von Vorbelastungen zu gewährleisten. Die Gründe für eine Mantelgründung lagen vielfach in der später schnelleren Verfügbarkeit einer bereits eingetragenen Kapitalgesellschaft als Rechtsträger mitsamt ihrer Haftungsbeschränkung und Firma unter gleichzeitiger Vermeidung der Gründungsformalitäten. Allerdings hat sich der Vorteil der Schnelligkeit etwas verflüchtigt, weil schnellere Bearbeitungszeiten bei den Gerichten auch bei einer Neugründung „auf der grünen Wiese" auf baldige Eintragung hoffen lassen. Die Zulässigkeit einer Mantelgründung war zwischenzeitlich umstritten. Der BGH hat mittlerweile entschieden, dass die Verwendung von Vorratsgesellschaften des Aktienrechts wie auch diejenige des GmbH-Rechts wirtschaftlich eine Neugründung darstellen. Darauf sind die der Gewährleistung der Kapitalausstattung dienenden Gründungsvorschriften des AktG und des GmbHG einschließlich der registerrechtlichen Kontrolle entsprechend anzuwenden (zur offenen Vorratsgründung BGH, Beschl. v. 9.2.2002, II ZB 12/02=BGHZ 153, 158). Dasselbe gilt grundsätzlich für den Fall der Verwendung eines „alten" Mantels, einer existenten, im Rahmen ihres früheren Unternehmensgegenstands tätig gewesenen, jetzt aber unternehmenslosen Gesellschaft (BGH, Urt. v. 7.7.2003 – II ZB 4/02=BGHZ 155, 318). Hier ist allerdings besondere Vorsicht geboten, denn eine wirtschaftliche Neugründung kann nur angenommen werden, wenn die Gesellschaft wirklich als völlig „leere Hülse" für ein neues Projekt verwendet wird (vgl. dazu BGH, Beschl. vom 18.1.2010, II ZR 61/09=NJW 2010, 1459). Ein Motiv der Verwendung früher einmal unternehmerisch tätiger Mantelgesellschaften könnte in der – mittlerweile sehr stark eingeschränkten – Möglichkeit, Verluste der Mantelgesellschaft als steuerlichen Abzugsposten für das eigene Unternehmen in Ansatz zu bringen, liegen. Zur Haftungsvermeidung bei der Verwendung eines alten Mantels sind unter anderem eine entsprechende Offenlegung gegenüber dem Registergericht und entsprechende Versicherungen geboten. Durch die Entscheidungen des Kammergerichts (Urt. v. 7.12.2009, 23 U 24/09) und des OLG München (Urt. v. 11.3.2010, 23 U 2814/09) sind die Haftungsrisiken bei Vorratsgründung und bei Mantelverwendung wieder diskutiert worden.

Marktfinanzierung

Form der Außenfinanzierung, bei der der Unternehmung Kapital vom Markt (Kapitalmarkt) zugeführt wird. Marktfinanzierung erfolgt:

(1) durch Einlagen z. B. der Aktionäre (Beteiligungsfinanzierung),

(2) durch Aufnahme von Anleihen und Ähnliches (Fremdfinanzierung).

Marktüblicher Zinsfuß

Für sichere Kapitalanlagen erster Bonität zu erzielender Zins. Berechenbar aus dem Durchschnitt der Effektivzinsen für Staatsanleihen, Pfandbriefe und erststellige Hypotheken. Der marktübliche Zinsfuß entspricht dem „reinen Zins", d. h. sämtliche akzessorischen Bestandteile (z. B. Risikoprämien) werden ausgesondert. Von Bedeutung ist der marktübliche Zinsfuß für die Bewertung von Effekten.

Mehrstimmrechtsaktie

Vorzugsaktie, der durch die Satzung ein erhöhtes Stimmrecht beigelegt ist. Gemäß § 12 II AktG sind Mehrstimmrechte unzulässig. Damit gilt in Deutschland: *One Share – One Vote*.

Mezzanine Debt

Mezzanine Debt ist eine Ausprägung des Mezzanine-Kapitals im Rahmen der Mezzanine-Finanzierung, die mehr dem Fremdkapital als dem Eigenkapital nahesteht. Typische Instrumente zur Bereitstellung von Mezzanine Debt sind stille Beteiligunge, partiarische Darlehen, Gesellschafterdarlehen, nachrangige Darlehen sowie Genussrechte und High-Yield-Anleihen. Bei größeren Transaktionsvolumina wird Mezzanine Debt in der Regel weiter in Junior Subordinated Debt und Senior Subordinated Debt unterteilt. Im Fall einer Liquidation wird Senior Subordinated Debt gegenüber Junior Subordinated Debt bevorzugt bedient.

Mezzanine-Finanzierung

1. *Begriff:* Finanzierung mit Hybridkapital. Sie bezieht ihre Position zwischen dem stimmberechtigten Eigenkapital und dem erstrangigen Fremdkapital. Eine Mezzanine-Finanzierung enthält sowohl Eigenschaften der Eigen- wie auch der Fremdfinanzierung. Sie hat ihren Ursprung bei der Finanzierung von Management Buyouts (MBO) und wird auch bei Wachstumskapitalfinanzierungen und zur Finanzierung von Akquisitionsstrategien eingesetzt.

2. *Merkmale:* Der Begriff „Mezzanine" (wörtlich: „Zwischengeschoss") deutet darauf hin, dass es sich um eine Finanzierungsform handelt, die

zwischen dem voll haftenden Eigenkapital und einem in der Regel dinglich besicherten erstrangigen Darlehen steht. Zur Vergütung des damit verbundenen höheren Risikos partizipiert der Mezzanine-Geber häufig zusätzlich zu einer festen Verzinsung des Darlehens am Wertzuwachs des Unternehmens z. B. mit einer Kaufoption auf einen definierten Anteil am Grundkapital des kreditnehmenden Unternehmens (Equity- Kicker).

3. *Formen:* In der Praxis ist eine Vielzahl von Gestaltungen der Mezzanine-Finanzierung anzutreffen, die sich z. B. in der Form von typisch oder atypisch stillen Beteiligungen, Genussscheinen oder Wandel-/Optionsanleihen konkretisieren. Abhängig von der Form und der Ausgestaltung werden Mezzanine-Finanzierungsinstrumente bilanziell entweder dem Eigenkapital oder dem Fremdkapital zugerechnet.

4. *Anbieter:* Inzwischen haben sich in Deutschland neben den spezialisierten Structured-Finance-Abteilungen der Großbanken auch bankenunabhängige Mezzanine-Geber etabliert, auf die vor allem im Rahmen komplexer Finanzierungen – z. B. bei der Durchführung von MBOs – zurückgegriffen wird .

Mietkauf

Form des Leasings, bei dem Gebrauchsgüter (z. B. Kraftfahrzeuge, Schreibmaschinen) den Kunden zunächst mietweise überlassen werden und es den Kunden freigestellt wird, nach Ablauf des befristeten Mietvertrages:

(1) den Mietgegenstand käuflich zu erwerben, wobei die bisher geleisteten Mietzahlungen angerechnet werden;

(2) den Mietvertrag zu verlängern, wobei dann oftmals eine gegenüber dem ersten Mietzeitraum verringerte Mietzahlung vereinbart wird, bis der Gegenstand nach Ablauf einer bestimmten Zeit in das Eigentum des Mieters übergeht, ohne dass ein Restkaufpreis fällig wird;

(3) den Mietgegenstand zurückzugeben.

Modigliani-Miller-Theorem

1. *Begriff:* 1958 von Modigliani und Miller aufgestellte Theoreme über die Zusammenhänge zwischen Marktwert, Kapitalstruktur und Kapitalkostensätzen.

Theorem I: Der Gesamtwert eines Unternehmens einer bestimmten Risikoklasse ist bei gegebenem Investitionsprogramm und damit gegebenem Erwartungswert der Erfolge auf einem vollkommenem Kapitalmarkt im Gleichgewicht unabhängig von der Kapitalstruktur. Das zentrale Theorem I wird durch einen Arbitragebeweis gestützt: Bestehende Marktwertunterschiede zwischen vergleichbaren Unternehmen mit unterschiedlicher Verschuldung werden von rational handelnden Investoren durch Arbitrageoperationen ausgeglichen.

Theorem II: Der von den Anteilseignern geforderte Erwartungswert ihrer Rendite ist eine lineare Funktion des Verschuldungsgrades des Unternehmens.

Theorem III: Der Gesamt- oder durchschnittliche Kapitalkostensatz, der als Diskontierungssatz zur Vorteilhaftigkeitsprüfung verwendet wird, ist unabhängig davon, wie diese Objekte finanziert werden.

2. *Folgerungen:* Änderungen der Kapitalstruktur einer Aktiengesellschaft sind ohne Einfluss auf deren *Marktwert* und die *Reichtumsposition der Eigentümer.* Investoren können durch Wertpapiermischung (Aktien, Anleihen) oder private Verschuldung das Gleiche erreichen wie Unternehmensleitungen durch Variationen der Kapitalstruktur. Kapitalstrukturentscheidungen sind irrelevant. Der durchschnittliche Kapitalkostensatz ist unabhängig vom Verschuldungsgrad. Es existiert also keine besondere, den Gesamtkapitalkostensatz minimierende Kapitalstruktur. *Investitionsentscheidungen* können über die Kapitalwertmethode mit den durchschnittlichen Kapitalkostensätzen als Diskontierungssatz unabhängig von der Finanzierung getroffen werden.

3. Gegenüberstellung mit der sogenannten *traditionellen These:* Die traditionelle These behauptet die *Existenz einer optimalen Kapitalstruktur.* Zentral ist dabei die Annahme, dass mit von Null aus wachsendem Verschuldungsgrad zunächst nicht nur der Fremd-, sondern auch der Eigenkapitalkostensatz (nahezu) konstant bleibt. Erst bei hinreichend hoher Belastung

der Unternehmung mit fixen Zins- und Tilgungsverpflichtungen beginnen Fremd- und Eigenkapitalkostensatz wegen des höheren Risikos zu steigen. Vor diesem Hintergrund lohnt sich auf jeden Fall die Wahl eines über null hinausgehenden Verschuldungsgrads, weil auf diese Weise teures Eigen- durch preiswertes Fremdkapital substituiert und der Gesamtkapitalkos- tensatz somit gesenkt (der Unternehmenswert also gesteigert) werden kann (*Substitutionseffekt*). Erst wenn mit weiter wachsendem Verschul- dungsgrad Eigen- und Fremdkapitalkostensatz derart steigen, sodass der *Substitutionseffekt* überkompensiert wird, lohnt sich schließlich die sukzes- sive Erhöhung der Fremdkapitalquote nicht mehr. Unbefriedigend an der traditionellen These ist, dass die unterstellten Verläufe von Eigen- und Fremdkapitalkostensatz als Funktion des Verschuldungsgrads nicht theore- tisch fundiert sind, sondern ad hoc angenommen werden. Das Modigliani- Miller-Theorem zeigt nun gerade, dass auf dem vollkommenen Kapital- markt im Gleichgewicht der Eigenkapitalkostensatz nicht einmal im Bereich sehr geringer Verschuldungsgrade annähernd konstant ist und hat insofern die traditionelle These abgelöst.

4. *Kritik:* Das Modigliani-Miller-Theorem basiert auf der Annahme eines vollkommenen Kapitalmarktes im Gleichgewicht. Berücksichtigt man Un- vollkommenheiten wie die Existenz von finanzierungsabhängigen Steuern und Insolvenzkosten oder ungleich verteilte Informationen zwischen den Marktteilnehmern, lässt sich eine (theoretisch fundierte) Relevanz unter- nehmerischer Finanzierungsentscheidungen für den Unternehmenswert belegen.

Nachgründung

Umschreibt Verträge, welche die Aktiengesellschaft in den ersten beiden Jahren nach ihrer Errichtung mit einem bestimmten Personenkreis, näm- lich Gründern oder Aktionären, die mit mehr als zehn Prozent an der Ge- sellschaft beteiligt sind, abschließt und aufgrund derer die Gesellschaft Anlagen oder sonstige Vermögensgegenstände zu einer zehn Prozent ih- res Grundkapitals übersteigenden Vergütung erwerben soll (§ 52 I AktG). Die Vertretungsmacht des Vorstands (§ 78 AktG) wird für Verträge die- ser Art dahingehend beschränkt, dass ihre Wirksamkeit unter anderem von folgenden Voraussetzungen abhängig gemacht wird:

(1) Zustimmung der Hauptversammlung (HV).

(2) Eintragung in das Handelsregister (Handelsregistereintragung).

(3) Prüfung durch einen oder mehrere Gründungsprüfer (Gründungsprüfung). Durch die Voraussetzungen soll die Umgehung der Sachgründungsvorschriften (§§ 27, 32 ff. AktG) verhindert und letztlich die Kaufpreisaufbringung gesichert werden. Des Weiteren wird die Aktiengesellschaft dadurch vor übermäßiger Einflussnahme ihrer Gründer auf den Vorstand bewahrt.

Neuer Markt

Ehemaliges Wachstumssegment der Frankfurter Wertpapierbörse (FWB), gegründet am 10.3.1997, eingestellt zum 5.6.2003. Ziel des Neuen Marktes war es, risikobewusste Investoren und wachstumsstarke und innovative Unternehmen zusammenzuführen, um den Unternehmen neue Chancen der Eigenkapitalaufnahme zu eröffnen. Für die am Neuen Markt notierten Unternehmungen wurden erweiterte Publizitätsvorschriften eingeführt (Rechnungslegung nach IAS, US-GAAP oder GoB mit Überleitung, daneben Quartalsberichte).

Der Neue Markt zeichnete sich zudem durch eine aktive Vermarktung durch die Deutschen Börse AG aus, wobei Liquidität durch ein umfassendes Betreuersystem gewährleistet werden sollte. Trotzdem gab es mit dem Nachlassen des Börsenbooms im Jahr 2000 einige Qualitätsprobleme mit Unternehmen des Neuen Marktes, die mit den bisherigen rechtlichen Regelungen nicht bewältigt werden konnten. Die Deutsche Börse AG beschloss daher infolge des Vierten Finanzmarktförderungsgesetzes (FMG) eine Neusegmentierung ihrer Struktur, begleitet von neuen rechtlichen Rahmenbedingungen. Nach seiner Einstellung wurde das Segment in den General Standard bzw. Prime Standard überführt.

Off Balance Sheet Financing

Art der Finanzierung, die keine Auswirkungen auf die Struktur der Bilanz hat.

Optionspreistheorie

Befasst sich mit der theoretisch fundierten Bewertung von Optionen. Sie bedient sich dabei verschiedener Bewertungsmodelle, die sich in partielle und vollständige Gleichgewichtsmodelle unterteilen lassen. Während partielle Gleichgewichtsmodelle bei der Bewertung eine Wahrscheinlich-keits- bzw. Erwartungswertbildung in den Vordergrund stellen, werden bei den vollständigen Gleichgewichtsmodellen die Optionspreise durch Bildung risikofreier Portefeuilles abgeleitet. Wie bei den partiellen Gleich-gewichtsmodellen wird für den Verlauf des der Option zugrunde liegen-den Basiswertes ein bestimmter stochastischer Prozess unterstellt (z. B. entsprechend der Random-Walk-Hypothese), der es unter bestimmten Annahmen zulässt, die möglichen Wertentwicklungen der Option im Zeitablauf durch eine Kombination aus Geld- und Kapitalmarktgeschäf-ten einerseits und Kauf oder Verkauf des Basiswertes andererseits zu du-plizieren. Der Wert dieses duplizierten Zahlungsstromes muss dem Wert der Option entsprechen, da ansonsten unter der Annahme des voll-kommenen Kapitalmarktes Arbitrageprozesse einsetzen und ein Gleich-gewicht im Sinn eines einheitlichen Preises beider Zahlungsströme herbeiführen. Das bekannteste und für die praktische Anwendung be-deutsamste Gleichgewichtsmodell ist das Modell von Black und Scholes.

Pac-Man-Strategie

Nach einem Computerspiel benannte Strategie zur Abwehr einer feindli-chen Übernahme, bei der das zu übernehmende Unternehmen seiner-seits ein Übernahmeangebot für den Bieter abgibt.

Passivfinanzierung

Finanzierungsmaßnahmen, die Auswirkungen auf die Passivseite der (ei-genen) Bilanz haben.

Passivkredit

Von einer Unternehmung im Rahmen der Fremdfinanzierung aufgenom-mener Kredit. Erscheint auf der Passivseite des Kreditnehmers.

Pool Leasing

Form des Leasings mit flexiblen Zugriffsrechten auf einen Pool unterschiedlicher technischer Produktvarianten.

Portfolio

Portefeuille. Bezeichnung in der Kapitalmarkttheorie für den Bestand an Wertpapieren eines Investors.

Portfolio Selection

1. *Charakterisierung:* Theorie über die optimale Mischung von Risikopapieren (Aktien); 1952 von Markowitz erstmalig quantifiziert.

Ausgangspunkt der Überlegung ist ein bestimmter zu Investitionszwecken zur Verfügung stehender Betrag. Im Vergleich zu einer Investition des gesamten Betrags in ein einziges Risikopapier lässt sich durch breite Streuung des Betrags auf mehrere verschiedene Titel (Diversifikation) das Risiko der Anlage (gemessen an der Varianz der Rendite) vermindern. Voraussetzung hierfür ist, dass die Renditen der Wertpapiere nicht perfekt positiv miteinander korreliert sind.

2. *Bedeutung:*

a) *Theoretisch:* Die Portfolio Selection bildet die Grundlage für die Kapitalmarkttheorie (Capital Asset Pricing Model (CAPM)).

b) *Praktisch:* Der Gedanke der Risikovernichtung durch Diversifikation führte zur Bildung und Verbreitung von Aktienfonds, die ein breites Portefeuille an Risikopapieren halten.

3. *Beurteilung:* Dem Grundgedanken der Risikoreduzierung durch Diversifikation kommt in der Praxis große Bedeutung zu. Die praktische Umsetzung ist durch Datenunsicherheit bei der Bestimmung von Erwartungswerten, Varianzen und Kovarianzen beeinträchtigt. Auch bleibt die Frage des Timings (An- und Verkaufszeitpunkt) ungeklärt.

Portfolio-Investition

Form der Auslandsinvestition. Portfolio-Investitionen sind Übertragungen inländischen Kapitals ins Ausland zum Zweck des Erwerbs von Forderungen, die keine direkten Eigentumsrechte begründen, z. B. von Anteilen an Immobilienfonds, von Anleihen sowie von Anteilen an Unternehmen, sofern damit nicht ein wesentlicher Einfluss auf die Unternehmenspolitik verbunden ist.

Für *Entscheidungen über* Portfolio- Investitionen wird in der Regel ein Rendite- und Risikokalkül unterstellt, in das sowohl die feste oder variable Verzinsung des Wertpapiers als auch Gewinnmöglichkeiten aus erwarteten Kursbewegungen am Wertpapiermarkt und Überlegungen zur Risikodiversifikation eingehen.

Prime Standard

Marktsegment der Frankfurter Wertpapierbörse (FWB), das strengere Zulassungsfolgepflichten für die dort notierten Unternehmen vorsieht als das Wertpapierhandelsgesetz (WpHG). Der Prime Standard ist geschaffen worden, um die Qualitätsanforderungen des Neuen Marktes und des SMAX unter juristisch eindeutigen Rahmenbedingungen durchsetzen zu können. Er ist wirksam geworden mit Inkrafttreten der neuen Börsenordnung der FWB am 1.1.2003. Unternehmen, die in den Prime Standard aufgenommen werden möchten, müssen neben den Pflichten des General Standard die folgenden zusätzlichen Pflichten erfüllen, mit denen auch international eine hohe Transparenz erreicht wird:

(1) Ausführlichere Zwischenberichterstattung zum ersten und zum dritten Quartal,

(2) Veröffentlichung eines Unternehmenskalenders und von Finanzberichten in deutscher und englische Sprache sowie Bereitstellung in elektronischer Form,

(3) Durchführung von mind. einer Analystenkonferenz pro Jahr,

(4) Veröffentlichung von Ad-hoc-Mitteilungen auch in englischer Sprache.

Die Aufnahme eines Unternehmens im Prime Standard ist die Voraussetzung für die Einbeziehung in einen der Auswahlindizes Deutscher Aktienindex (DAX), MDAX, SDAX, TecDAX.

Projektfinanzierung

1. *Begriff*: spezielle Form der Finanzierung für großvolumige Investitionsvorhaben (Projekte), bei der die Rückzahlung der aufgenommenen Finanzierungsmittel allein aus den zukünftig zu erwirtschaftenden Erträgen erfolgen soll. Finanziert werden auf diese Weise vor allem nationale und internationale Großprojekte wie Kraftwerke, Infrastrukturvorhaben, chemische Anlagen, Staudämme, Raffinerien oder Pipelines, bei denen verschiedene Projektbeteiligte gemeinsam das Investitionsvorhaben verwirklichen. Projektfinanzierungen werden dann eingesetzt, wenn klassische Unternehmensfinanzierungen nicht möglich sind (z. B. aufgrund schwieriger ökonomischer oder politischer Bedingungen, geringer Mittel oder Budgets der Projektinteressenten, bilanzieller Situation der Projektträger). Zur Verwirklichung der Projekte wird üblicherweise eine rechtlich und wirtschaftlich selbstständige Projektgesellschaft gegründet (SPC – Special Purpose Company) und die Geschäftsführung einer Betreibergesellschaft übertragen. Das Eigenkapital dieser Gesellschaft wird von sogenannten Sponsoren bereitgestellt (zumeist institutionelle Investoren); Fremdmittel werden von der Projektgesellschaft selbst aufgenommen.

2. *Merkmale*:

a) Cash Flow related Lending: Sämtliche Verpflichtungen (Betriebskosten, Zinsen und Tilgung) der Projektgesellschaft werden ausschließlich aus dem zukünftigen Free Cash Flow erfüllt (Differenz aus den ein- und ausgehenden Zahlungsströmen unter Berücksichtigung von Ersatzinvestitionen). Die Kreditvergabe basiert damit vornehmlich auf dem Nachweis der technischen und wirtschaftlichen Tragfähigkeit des Projektes. Mangels dinglicher Sicherheiten werden den Kreditgebern (Lenders) spezielle Rechte eingeräumt wie z. B. Eintrittsrechte in Verträge, Mitwirkungsrechte in der Geschäftsführung und Überwachung der Leistungen der Projektgesellschaft.

b) Off-Balance-Sheet-Finanzierung: Da die Projektträger (Sponsoren) in der Regel nicht zur Bilanzkonsolidierung verpflichtet sind, sind Projektfinanzierungen aus ihrer Sicht bilanzneutral, aufgenommene Kredite werden nur bei der Projektgesellschaft selbst bilanziert und verschlechtern damit nicht ihre Finanzkennzahlen bzw. Bonität. Die Haftung der Sponsoren bezieht sich auf die Kapitaleinlage und die dem Projekt zugehörigen Vermögensgegenstände (non recourse). Meistens werden jedoch zusätzliche betraglich begrenzte Verpflichtungen übernommen, z. B. in Form von Garantien oder Nachschussverpflichtungen (limited recourse). Darüber hinaus erfolgt kein Rückgriff auf das Vermögen des Sponsors.

c) Risk Sharing: Die Risiken des Projekts werden auf die verschiedenen Projektbeteiligten verteilt (Sponsoren, Lieferanten, Betreiber, Abnehmer, Kreditgeber, Projektgesellschaft, Versicherungsunternehmen). Für Exportlieferungen und grenzüberschreitende Leistungen werden zur Risikoabsicherung häufig Exportkredit- und Investitionsversicherungen abgeschlossen. Je nachdem gibt es auch Garantien des Staates oder von supranationalen Organisationen (Weltbankgruppe, Europäische Investitionsbank).Wegen des hohen Kapitalbedarfs erfolgt die Kreditvergabe zumeist über Bankkonsortien unter Leitung eines Arrangeurs. Die Finanzierung ist dabei langfristig (15 Jahre und länger) abgestimmt auf die zu erwartenden Zahlungsströme. Die erwirtschafteten Überschüsse werden zunächst für die Aufrechterhaltung des Projekts verwendet, anschließend erfolgen die Zins- und Tilgungsleistungen an die Kreditgeber und zuletzt Ausschüttungen an die Eigenkapitalgeber (Wasserfallprinzip). Es werden hauptsächlich Bankkredite aufgenommen, dazu kommen Emissionen von Anleihen und Mittel aus staatlichen, europäischen und internationalen Finanzierungsprogrammen. Zur finanziellen Entlastung öffentlicher Haushalte besteht bei öffentlichen Projekten die Möglichkeit, private Unternehmen zu beteiligen (Public Private Partnerships – PPP).

Qualifizierte Gründung

Gründung einer AG mit Sacheinlagen, Sachübernahmen oder gefährlichen Abreden (Gründerlohn, Sondervorteile). Die qualifizierte Gründung unterliegt einer besonderen Gründungsprüfung (§ 33 II AktG).

Springer Fachmedien Wiesbaden (Hrsg.), *280 Keywords Unternehmensfinanzierun*,
https://doi.org/10.1007/978-3-658-23633-5_8

Random-Walk-Hypothese

Hypothese über die Entwicklung von Aktienkursen im Zeitablauf. Auf effizienten Kapitalmärkten beschreiben Aktienkurse einen Zufallspfad (*Random Walk*). Alle bewertungsrelevanten Tatsachen sind im Augenblick ihres Entstehens allen Marktteilnehmern bekannt und somit voll im Kurs einer Aktie eskomptiert. Die Aktien sind zu keinem Zeitpunkt über- oder unterbewertet. Deshalb ist der zukünftige Kursverlauf nur vom Zufall, nämlich vom Auftreten neuer bewertungsrelevanter Tatsachen abhängig.

Aus der Random-Walk-Hypothese ergibt sich, dass die technische Aktienanalyse keine Erfolgsaussichten bietet. Die Random-Walk-Hypothese ist für die großen amerikanischen Börsen empirisch gut bestätigt.

Regulierter Markt

Mit der Einrichtung des regulierten Marktes zum 1.11.2007 wurden die bis dahin gegebenen Börsenzulassungssegmente des amtlichen und des geregelten Marktes abgelöst. Alle vor dem 1.11.2007 einem der beiden fusionierten Segmente zugeordneten Wertpapiere wurden automatisch in den regulierten Markt übernommen.

Rentabilität

Verhältnis einer Erfolgsgröße zum eingesetzten Kapital einer Rechnungsperiode. Beide Größen können zahlungs- und bilanzorientiert gemessen werden.

Residualtheorie

1. *Residualtheorie des Profits:* In der ökonomischen Klassik ist der Profit eine Residualgröße, die sich ergibt, wenn vom Produktionsergebnis die Löhne und die Grundrenten abgezogen werden.

2. *Residualtheorie des Lohnes:* Von Walker entwickelte Lohntheorie; danach ist der Lohn eine Restgröße, die vom Ertrag einer Industrie nach Abzug der Kapitalkosten übrig bleibt.

3. *Residualtheorie der Dividenden:* Theorie über die optimale Gestaltung der Dividendenpolitik einer Aktiengesellschaft. Gewinne sollen nur dann thesauriert werden (Selbstfinanzierung), wenn die damit im Unternehmen erzielbare Rendite über derjenigen liegt, die die Aktionäre selbst durch Anlage des entsprechenden Betrags erhalten. Ansonsten werden die Gewinne ausgeschüttet. Die Gewinnverwendungsentscheidung ist der Investitionsentscheidung nachgeordnet.

Risikoabgeltungsthese

These über die Reaktion von Kreditgebern auf steigendes Ausfallrisiko durch erhöhten Verschuldungsumfang des Kreditnehmers: Für das höhere Risiko fordern die Kreditgeber einen Risikozuschlag zum Zinssatz.

Roll-over-Kredit

1. *Begriff/Kennzeichnung:* Der Roll-over-Kredit ist ein mittel- bis langfristiger Kredit mit spezieller Zinsvereinbarung. Der Zinssatz wird nicht für die gesamte Laufzeit festgelegt, sondern periodisch an den Markt-(Referenz-)zinssatz (z.B. EURIBOR, LIBOR) angepasst. Die Kreditlaufzeit wird in Zinsperioden (Roll-over-Perioden) untergliedert (Zeitspanne zumeist ein bis zwölf Monate); während dieses Zeitraums bleibt der Zinssatz konstant. Nach Ablauf der Zinsperiode findet eine Anpassung für die nächste Zinsperiode statt. Das Risiko bzw. die Chance einer Zinsänderung trägt hier der Schuldner. Die Art der Zinsvereinbarung erleichtert dem Kreditgeber die Refinanzierung, da veränderte Geldmarktbedingungen durch die Zinsanpassung auf den Kreditnehmer überwälzt werden können. So ist auch bei langfristigen Krediten eine kurzfristige Refinanzierung möglich.

2. *Arten:* Bezüglich der vertraglichen Ausgestaltung existieren mehrere Varianten:

a) Vereinbarung eines festen Darlehensbetrags, der zu einem fixierten Zeitpunkt in einer Summe ausbezahlt wird.

b) Die Höhe der Inanspruchnahme durch den Kreditnehmer ist variabel, es wird lediglich ein Höchstbetrag vereinbart. Auch bei vollständiger Rückzahlung bleibt das Vertragsverhältnis bestehen.

c) Für den Fall eines zusätzlichen unvorhergesehenen Finanzierungsbe-
darfs oder eventuell auftretender Kapitalmarktengpässe wird vorsorglich
die Bereitstellung der erforderlichen Mittel vereinbart (Stand-by-Roll-
over-Kredit).

Sacheinlage

Einlage, die nicht durch Bareinzahlung, sondern durch Einbringung von
Maschinen, Gebäuden, Grundstücken u.Ä. geleistet wird.

1. Sacheinlage im Fall der *Gründung einer AG* (Sachgründung): In der Satzung der AG muss festgesetzt werden:

(1) Gegenstand der Sacheinlage,

(2) Person, von der die AG den Gegenstand erwirbt und

(3) Nennbetrag der zu gewährenden Aktien, Zahl der Stückaktien bzw.
Vergütung (§ 27 AktG).

2. Sacheinlage im Fall einer *Kapitalerhöhung einer AG* (Sachkapitalerhöhung): Die oben genannten Bestimmungen sind im Hauptversammlungs-
beschluss zu treffen (§ 183 AktG). Ähnlich bei *bedingter Kapitalerhöhung*
und *genehmigtem Kapital* (§§ 194, 205 AktG).

3. *Sacheinlage im Fall der Gründung einer GmbH* (Sachgründung): In der
Satzung der GmbH müssen der Gegenstand der Sacheinlage und der Betrag des Geschäftsanteils, auf den sich die Sacheinlage bezieht, festgesetzt werden (§ 5 IV GmbHG). In einem Sachgründungsbericht sind die
für die Angemessenheit der Leistungen für Sacheinlagen wesentlichen
Umstände darzulegen (§ 5 IV GmbHG).

4. Sacheinlage im Fall einer *Kapitalerhöhung einer GmbH*: Bei einer
Sachkapitalerhöhung müssen ihr Gegenstand und der Nennbetrag des
Geschäftsanteils, auf den sich die Sacheinlage bezieht, im Beschluss
über die Erhöhung des Stammkapitals festgesetzt werden (§ 56 I
GmbHG). Bei der durch das Gesetz zur Modernisierung des GmbH-
Rechts und zur Bekämpfung von Missbräuchen (MoMiG) neu einge-
führten *Unternehmergesellschaft* sind Sacheinlagen nicht zugelassen
(§ 5a II 2 GmbHG).

Sachgründung

1. *Aktiengesellschaft:* Form der Gründung einer AG, bei der Gründer als Eigenkapital anstelle von Geld Sacheinlagen (Maschinen, Grundstücke) einbringen. Gründungsprüfung durch unabhängige Prüfer erforderlich zur Vermeidung von Überbewertung durch Einbringer (§ 33 AktG). In der Satzung sind die Person, welche den Gegenstand einbringt, die Art des Gegenstands und der Nennbetrag, bei Stückaktien die Zahl der bei der Sacheinlage zu gewährenden Aktien festzuhalten (§ 27 I AktG).

2. *Gesellschaft mit beschränkter Haftung:* Die Gesellschafter haben einen Sachgründungsbericht zu erstellen und beim Übergang eines Unternehmens auf die Gesellschaft die Jahresergebnisse der beiden letzten Geschäftsjahre anzugeben (§ 5 IV GmbHG). Dies soll sicherstellen, dass der Wert der Sacheinlage dem Nennbetrag der dafür gewährten Anteile entspricht. Das mit der Eintragung befasste Gericht hat diese abzulehnen, wenn Sacheinlagen nicht unwesentlich überbewertet worden sind (§ 9c I 2 GmbHG).

Sachkapitalerhöhung

Kapitalerhöhung einer AG oder GmbH unter der Vornahme von Sacheinlagen. Verschärfte Anforderungen bei Sachkapitalerhöhung enthalten z. B. die §§ 183, 194, 205 f. AktG, § 19 GmbHG.

Sachübernahme

Übernahme von Anlagen oder sonstigen Vermögensgegenständen bei Gründung einer AG durch die Gesellschaft (§ 27 AktG).

Sanierung

1. *Begriff:* Organisatorische und finanztechnische Maßnahmen zur Wiederherstellung der Leistungsfähigkeit insolventer Unternehmen, vor allem zur Abwendung einer Zahlungsunfähigkeit oder einer Überschuldung.

2. *Arten von Ursachen:*

a) *Endogene Ursachen:* In diesem Fall besteht ein Missverhältnis von Eigenkapital und Fremdkapital oder langfristigem und kurzfristigem Fremdkapital. Als Folge dieser Ursachen, aber auch als Folge falscher Finanzierungsmaßnahmen, kann die Kapitalstruktur sanierungsbedürftig sein.

b) *Exogene Ursachen:* z. B. Konjunktureinbruch oder Wechselkursschwankungen.

3. *Voraussetzung* einer erfolgreichen Sanierung ist die Erforschung der Ursachen und die Aufstellung eines Sanierungsplans. Besteht keine Aussicht auf Erfolg der Sanierung, ist die Eröffnung des Insolvenzverfahrens zu beantragen. Bei vorübergehender Zahlungsunfähigkeit ist keine Sanierung notwendig, wenn die Möglichkeit besteht, die Situation durch Kredite oder Stillhalteabkommen mit den Gläubigern zu bereinigen.

4. *Arten der Sanierung:*

a) *Buchtechnische Sanierung durch formelle Kapitalherabsetzung* (Herabsetzung des Nennwertes der Aktien, Zusammenlegung der Aktien, Aktieneinziehung) oder durch Auflösung offener Rücklagen und stiller Reserven. Dabei fließt dem Unternehmen kein neues Kapital zu.

b) *Sanierung durch Zufluss neuer Mittel* (Kapitalbeschaffung).

c) *Sanierung durch Veränderungen des Fremdkapitals* kann erfolgen durch Umwandlung kurzfristiger Kredite in langfristige Kredite, ferner durch Umwandlung von Krediten in Eigenkapital.

d) *Sanierung durch Änderung der Rechtsform der Unternehmung* (Umwandlung).

Sanierungsbilanz

Die anlässlich der Sanierung einer Unternehmung aufgestellte Sonderbilanz.

(1) Die *Sanierungseröffnungsbilanz* zeigt den Vermögensstand und die Sanierungsbedürftigkeit bei Kapitalgesellschaften unter gleichzeitigem Ausweis des Verlustes an Eigenkapital.

(2) *Sanierungsschlussbilanz:* weist die Neuordnung der Kapitalverhältnisse und die Beseitigung des Verlustes aus.

Sanierungsübersicht

Vermögens- und Schuldenübersicht in dreifach verschiedener Bewertung als Grundlage für die Entscheidung über Maßnahmen der Sanierung. Die Sanierungsübersicht zeigt den Wert

(1) laut Buchführung,

(2) im Fall der Weiterführung,

(3) im Fall der Veräußerung, im Wege der Abwicklung oder aus Anlass einer Insolvenz.

1. Die *Aktiva* sind aufgeführt mit

(1) Buchwert,

(2) Effektivwert (Wert, der dem Tageswert bei Fortführung des Betriebes entspricht; Aufteilung des gesamten Unternehmenswertes notwendig) und

(3) Einzelveräußerungswert.

2. Bei den *Passiva* ergeben sich wegen des Hochwertprinzips nur geringe Abweichungen zwischen Buchwerten und gemeinen Werten.

Schein-Bargründung

Form der Gründung einer AG, bei der den Gründern für das von ihnen eingezahlte Kapital von der AG Sachgüter abgekauft werden. Eine Schein-Bargründung liegt vor, wenn der Wert der gekauften Vermögensgegenstände 10 Prozent des Grundkapitals übersteigt. Grundsätzlich sind solche Verträge nur mit Zustimmung der Hauptversammlung und mit Eintragung ins Handelsregister wirksam (§52 AktG). Rechtliche Behandlung wie Sachgründung.

Scheingründung

Eine Scheingründung liegt vor, wenn eine Gesellschaft nur zum Schein gegründet wird, also die Parteien einig sind, ihre Beziehungen gerade nicht nach gesellschaftsrechtlichen Gesichtspunkten zu regeln, aber nach außen hin so tun, wobei ihr Auftreten nach außen nicht für ihr Verhältnis zueinander als maßgeblich gelten soll. Die nur zum Schein abgegebenen

Willenserklärungen der Parteien sind nach § 117 I BGB nichtig, sodass es letztlich an einem wirksamen Gesellschaftsvertragsabschluss fehlt. Im Außenverhältnis greifen die Grundsätze der Rechtsscheinhaftung. Die Scheingründung ist unter rechtlichen Gesichtspunkten streng von dem Fall zu trennen, dass die Gesellschaftsgründung gegen den Willen der Beteiligten nichtig ist. Nur in letzterem Fall gelten die Grundsätze über die fehlerhafte Gesellschaft.

Schieflage

Zu starkes Engagement eines Unternehmens (besonders einer Bank) in einem oder mehreren riskanten Objekten im Verhältnis zu den haftenden Mitteln. Wenn Verluste aus diesen Objekten auftreten (z. B. Ausfall eines Großkredits), ist das Unternehmen in seiner Existenz gefährdet. Durch Diversifikation kann die Schieflage beseitigt und das eingegangene Risiko vermindert werden.

Schütt-aus-hol-zurück-Politik

Dividendenkapitalerhöhung. Spezielle Finanzierungspolitik für Kapitalgesellschaften. Die Aktionäre/Gesellschafter beschließen, den gesamten Jahresüberschuss nach Steuern auszuschütten. Gleichzeitig wird eine Zuführung von Eigenkapital durch Aktionäre/Gesellschafter beschlossen; die Erhöhung des Kapitals entspricht mind. dem Mittelbetrag, über den das Unternehmen bei voller Einbehaltung hätte verfügen können.

Securitization

Verbriefung von Kredit- und Einlagenpositionen. Handelbare Wertpapiere treten an die Stelle der Buchkredite. Neben der traditionellen Rolle als Kreditgeber nehmen die Kreditinstitute eine Maklerfunktion wahr. Die häufig mit der Securitization einhergehende Zusage von Back-up-Linien verpflichtet die Bank, die Papiere in den eigenen Bestand zu übernehmen oder Kredite bereitzustellen. Mit den Depositenzertifikaten erfolgt auch eine Verbriefung von Termineinlagen der Banken. Durch die Securitization werden die Trennungslinien zwischen Geld-, Kredit- und Kapitalmärkten verwischt.

Seed Capital

Beteiligungskapital für ein zukünftiges Unternehmen. Das bereitgestellte Eigenkapital dient in der Phase der Geschäftsideenentwicklung der Finanzierung der Ausreifung und Umsetzung einer Idee in verwertbare Resultate wie z. B. der Erstellung eines Prototyps und zur Versorgung von Existenzgründern mit haftendem Eigenkapital. Seed Capital wird von spezialisierten Beteiligungsgesellschaften oder vermögenden Privatpersonen, aber auch im Rahmen öffentlicher Existenzgründungsprogramme bereitgestellt und häufig zur Innovationsfinanzierung eingesetzt. Aufgrund der hohen Unsicherheiten über die zukünftigen Erfolgsaussichten besteht bei der Vergabe von Seed Capital für den Kapitalgeber ein sehr hohes Verlustrisiko.

Selbstfinanzierung

I. Begriff/Arten

Interne Eigenfinanzierung, bei der die Finanzierung durch einbehaltene Gewinne *(Gewinnthesaurierung)* erfolgt. Bei Einzelunternehmen und Personengesellschaften durch Ansammlung von Gewinnen auf dem Kapitalkonto, bei Kapitalgesellschaften durch Bildung von Gewinnrücklagen *(offene Selbstfinanzierung)*; auch z. B. durch die Unterbewertung von Aktiva (stille Reserven) und die Überbewertung von Passiva (stille Rücklagen) möglich *(stille Selbstfinanzierung)*.

II. Vorgehensweise

1. Bei *Personengesellschaften* und *Einzelunternehmen:* Die einbehaltenen Gewinne müssen in der Bilanz nicht gesondert ausgewiesen werden; sie erhöhen das Kapitalkonto.

2. Bei *Kapitalgesellschaften:* Die einbehaltenen Gewinne sind in den Bilanzposten „Gewinnrücklagen" einzustellen. Die Entscheidung, ob und in welcher Höhe Gewinne einbehalten oder ausgeschüttet werden, treffen die Gesellschafter. Bei der AG können Vorstand und Aufsichtsrat unter bestimmten Bedingungen bis zur Hälfte des Jahresüberschusses ohne Zustimmung der Aktionäre in Gewinnrücklagen einstellen (§ 58 AktG). Über die Verwendung des verbleibenden Restes entscheidet die Haupt-

versammlung. Das durch Selbstfinanzierung gewonnene Kapital führt bei unverändertem Nominalkapital zu einem höheren Kurswert.

III. Beurteilungen

1. Bei *Personengesellschaften* und *Einzelunternehmen:* Die Selbstfinanzierung ist wegen der fehlenden Emissionsfähigkeit oft die einzige Möglichkeit zur Eigenkapitalbeschaffung. Die Selbstfinanzierung beeinflusst indirekt auch den Verschuldungsspielraum.

2. Bei *Kapitalgesellschaften:*

a) *Vorteile:* Die Haftungsbasis des Unternehmens wird erweitert und der Verschuldungsspielraum erhöht; die Mehrheits- und somit Herrschaftsverhältnisse im Unternehmen bleiben unverändert bestehen. Im Vergleich zur Finanzierung über neues Beteiligungskapital ist die Selbstfinanzierung weit kostengünstiger, da keine Emissionskosten anfallen.

b) *Nachteile:* Durch die erhöhten Kurse nach durchgeführter Selbstfinanzierung wird die Fungibilität der Aktien eingeschränkt. Zugleich sinkt die Dividendenrendite der Aktie: Die Ausschüttung pro Aktie sinkt durch die Einstellung in die Gewinnrücklagen, gleichzeitig wird dadurch der Kurs erhöht. Eine Senkung des Kurses ist durch eine Kapitalerhöhung aus Gesellschaftsmitteln möglich. Bei AGs birgt die Höhe der Selbstfinanzierung und die der Ausschüttung häufig Konfliktpotenzial zwischen Vorstand und Aufsichtsrat einerseits und den Eigentümern andererseits (Agency-Problem).

Separationsprinzip

Begriff aus der Finanzierungstheorie.

Ausprägungen:

1. *Fisher-Hirshleifer-Modell:* Unter der Annahme des vollkommenen Kapitalmarktes bei Sicherheit können Konsum- und Investitionsentscheidungen voneinander getrennt werden.

2. *Modigliani* und *Miller:* Investitions- und Finanzierungsentscheidungen können getrennt werden, da der bei Investitionsentscheidungen als Kalkulationszinssatz zu verwendende Gesamtkapitalkostensatz unabhängig von der Finanzierung ist.

3. Auf *vollkommenem Kapitalmarkt unter Unsicherheit* ist die Zusammensetzung des optimalen Portefeuilles aus unsicheren Anlagen unabhängig von der Risikoneigung des Investors *(Tobin-Separation)*.

Shareholder Value

Ertragswert des Eigenkapitals; Maßgröße der Unternehmensbewertung als Alternative zum Substanzwert (Reproduktionswert). Das Shareholder- Value-Konzept ist eine Unternehmensstrategie, bei der der Vorstand einer börsennotierten Aktiengesellschaft durch alle Maßnahmen, die er in seinem Unternehmen entwickelt und umsetzt, den Unternehmenswert im Sinn des Marktwertes des Eigenkapitals steigern soll. Dabei wird der Gewinn als Maßgröße des Unternehmenserfolges infrage gestellt. Zielgröße ist das Aktionärsvermögen. Demnach sind Geschäftseinheiten, deren Renditen unterhalb der durchschnittlichen Kapitalkosten der Unternehmung liegen, zu veräußern und die Erlöse gegebenenfalls an die Aktionäre (Shareholder) auszuschütten, da es andernfalls zur Wertvernichtung kommt.

Der Unternehmenswert ergibt sich durch die Diskontierung des künftigen Cashflow *(Operating Cashflow)*, dem Zahlungsströme zugrunde liegen, weshalb ihm Vorrang vor dem „buchhalterischen" Gewinn als Diskontierungsgröße eingeräumt wird. Für die Bestimmung des *Kalkulationszinsfußes* werden die durchschnittlichen Kapitalkosten herangezogen, die sich aus den Eigenund den Fremdkapitalkosten zusammensetzen. Die Fremdkapitalkosten bestehen aus dem Zins quasi-sicherer Anlagen (z. B. Bundesanleihen) und einem Aufschlag für das Risiko. Die Eigenkapitalkosten spiegeln die erzielbaren erwarteten Renditen für Investitionsalternativen mit demselben Risikoniveau wider und sind somit als Renditeforderungen der Aktionäre zu interpretieren. Für die Quantifizierung des Risikoaufschlags bietet das Capital Asset Pricing Model (CAPM) eine theoretische Möglichkeit. Die praktische Ermittlung des Shareholder Values ist durch das Problem der Datengenerierung (Prognosen des Cashflow, Ermittlung des Kalkulationszinsfußes) erschwert.

Sicherungshypothek

Streng akzessorische Hypothek, bei der das Recht des Gläubigers aus der Hypothek sich nur nach der zugrunde liegenden Forderung bestimmt und der Gläubiger sich zum Beweis der Forderung nicht auf die Eintragung im Grundbuch berufen kann. Die Hypothek muss im Grundbuch als Sicherungshypothek bezeichnet werden (§ 1184 II BGB).

Erteilung eines *Hypothekenbriefs* ist bei der Sicherungshypothek kraft Gesetzes ausgeschlossen (§ 1185 BGB). Die Sicherungshypothek ist immer Arresthypothek bzw. Zwangshypothek. Die Sicherungshypothek kann in eine gewöhnliche Hypothek *umgewandelt* werden und umgekehrt.

Besondere Formen: Die Sicherungshypothek für Inhaber- und Orderpapiere (§§ 1187-1188 BGB) wird zur Sicherstellung einer Forderung aus einer Anleihe, einem Wechsel oder einem anderen Papier verwendet, das durch Indossament übertragen werden kann (Höchstbetragshypothek).

Bedeutung: Im Kreditgeschäft wird die Sicherungshypothek mangels Verkehrsfähigkeit kaum als Sicherheit angewendet. Praktische Bedeutung besitzt sie, wenn sich der Gläubiger zur Sicherung seiner fälligen Forderung im Rahmen einer Zwangsvollstreckung eine Hypothek verschaffen will (Zwangshypothek, Arresthypothek), eine Vollstreckung kann nur erfolgen, wenn der Eigentümer dies duldet.

Solawechsel

Eigener Wechsel, Eigenwechsel; Wechsel, bei dem sich der Wechselaussteller selbst zur Zahlung einer Geldsumme verpflichtet. Der *Gegensatz* ist der gezogene Wechsel (Tratte).

Sollzahlen

Wahrscheinlichkeits- oder Planzahlen, die als Richtzahlen für die Betriebs-, Absatz- und Finanzpolitik der Unternehmung dienen. Im Rahmen der Finanzplanung werden im Finanzplan für einen bestimmten, zukünftigen Zeitraum Beträge für die zu erwartenden Einzahlungen und beabsichtigten Auszahlungen zusammengestellt. Sollzahlen werden anhand von im zwischenbetrieblichen oder im Zeitvergleich gewonnenen Erfahrungswerten ermittelt.

Nach Ablauf des Planabschnitts werden zur *Kontrolle* die Sollzahlen mit den Istzahlen laut Buchführung verglichen und abgestimmt. Bei wesentlichen *Abweichungen* werden betriebs- oder finanzpolitische Maßnahmen ergriffen.

Sondervorteil

Ein im Zusammenhang mit der Gründung einer AG neben dem Gründerlohn einzelnen Aktionären für ihre Person gewährter besonderer Vorteil, z. B. Warenbezugsrecht. Die Sondervorteile müssen in der Satzung festgesetzt werden (§ 26 I AktG). Sie entsprechen den Genussrechten und sind im Gegensatz zu den Sonderrechten an Aktienbesitz nicht gebunden.

Spitzenrefinanzierungsfazilität

Geschäftsbanken können die Spitzenrefinanzierungsfazilität nutzen, um sich von den Zentralbanken Übernachtliquidität zu einem vorgegebenen Zinssatz gegen refinanzierungsfähige Sicherheiten zu beschaffen. In der Regel gibt es keine Kredithöchstgrenzen. Die Inanspruchnahme dieser Fazilität unterliegt mit Ausnahme der Bereitstellung ausreichender Sicherheiten keinen sonstigen Beschränkungen. Der Zinssatz für die Spitzenrefinanzierungsfazilität bildet im Allgemeinen die Obergrenze des Tagesgeldsatzes.

Stakeholder Value

Wertanteil verschiedener Anspruchsgruppen am Unternehmenswert.

Stakeholder-Ansatz

Konzept, nach dem die Unternehmensführung nicht nur die Interessen der Anteilseigner (Shareholder), sondern aller Anspruchsgruppen, ohne deren Unterstützung das Unternehmen nicht überlebensfähig wäre, zu berücksichtigen hat. Die Gruppe der Stakeholder ist folglich sehr heterogen und umfasst z. B. die Arbeitnehmer, Kunden und Lieferanten, den Staat und die Öffentlichkeit.

Der Stakeholder-Ansatz baut auf der Koalitionstheorie der Unternehmung auf. Die Unternehmung wird als Organisation betrachtet, in der verschiedene Interessengruppen (Stakeholder) zusammengeschlossen sind. Aufgabe der Unternehmensleitung ist es, zwischen den unterschiedlichen Gruppen zu vermitteln, um einerseits die Kooperation im Rahmen der unternehmerischen Leistungserstellung zu sichern und andererseits Kompromisse hinsichtlich der Verteilung des erwirtschafteten Unternehmenserfolgs auszuarbeiten.

Stammkapital

Einlage- oder Nominalkapital einer Gesellschaft mit beschränkter Haftung (GmbH), das sich aus der Summe der Nennbeträge aller Geschäftsanteile (Stammeinlagen, Geschäftsanteil) ergibt.

Mindestsumme: grundsätzlich 25.000 Euro (§ 5 I GmbHG), bei der Unternehmergesellschaft auch weniger möglich (§ 5a I GmbHG).

Finanzierungsmäßig ist das Stammkapital Eigenkapital; es dient zur Finanzierung und als Garantiekapital.

Bilanzierung: In der Bilanz der GmbH ist das Stammkapital gemäß § 42 I GmbHG als gezeichnetes Kapital auszuweisen (§ 266 III HGB).

Stock

1. Warenvorrat.

2. Aus dem Englischen entnommener Begriff für *Aktien.*

Structured Finance

Umfasst alle fortgeschrittenen privaten und öffentlichen Lösungen zum effizienten Refinanzieren und Absichern wirtschaftlicher Aktivitäten, die über die konventionellen Formen (Kredit, Anleihe, Aktie) hinausgehen. Ziel ist die Senkung der Kapitalkosten, die Reduktion von Interessenkonflikten, Steueroptimierung sowie die Liquiditätssteuerung. Die entsprechenden Instrumente

(1) kombinieren traditionelle Finanzinstrumente mit Derivaten oder

(2) replizieren traditionelle Finanzinstrumente durch Synthetisierung. Structured Finance kommt zum Zug, wenn traditionelle Finanzierungsformen zu teuer oder nicht erhältlich sind.

Stufengründung

Sukzessivgründung, Zeichnungsgründung; Form der Gründung einer AG, bei der die Gründer nicht das gesamte Grundkapital (Aktien) übernehmen, sondern das Publikum durch Zeichnung von Aktienbeträgen mitwirken soll. Die Stufengründung widerspricht damit dem aktienrechtlichen Gründungsgedanken (§ 23 AktG) und ist insofern unzulässig. Aus diesem Grund wurde sie in Deutschland bereits mit der Aktienrechtsreform 1965 abgeschafft.

Substanzwertmethode

Verfahren der Unternehmungsbewertung, bei der sich der Unternehmenswert aus den Ausgaben, die zur Reproduktion des zu bewertenden Unternehmens aufzuwenden sind, ergibt. Der auf diese Weise festgestellte Unternehmenswert wird daher auch als Reproduktionswert bezeichnet. Es handelt sich hierbei um den Brutto-Unternehmenswert, von dem der Wert des Fremdkapitals abzuziehen ist, um zum Netto-Unternehmenswert zu gelangen. Im Rahmen der Substanzwertmethode sind der Vollreproduktionswert und der Teilreproduktionswert zu differenzieren. Während sich der Vollreproduktionswert aus dem vollständigen „Nachbau" eines Unternehmens mit gleichem Ertragspotential ableitet, sind im Teilreproduktionswert in erster Linie nur die bilanzierungsfähigen Teile des Anlage- und des Umlaufvermögens enthalten. Das bedeutet, dass bei dieser Variante der Substanzwertmethode der Geschäftswert bzw. der Goodwill unberücksichtigt bleibt.

TecDAX

Auswahlindex mit 30 Mid-Cap-Werten des Prime Standard aus Technologiebranchen. Hinsichtlich der Größenkriterien wie Marktkapitalisierung und Börsenumsatz liegen die Unternehmen des TecDAX direkt unterhalb des DAX.

Terminrisiko

Liquiditätsrisiko, Gefahr einer ungeplanten Verlängerung der Kapitalbindungsdauer von Forderungen, weil Kapitaldienstleistungen verspätet erfolgen.

Tilgung

I. Allgemein

Regelmäßige Ab- bzw. Rückzahlung einer langfristigen Schuld (z. B. Tilgungshypothek) in Form von Teilbeträgen, die nach verschiedenen Gesichtspunkten berechnet und in der Regel aus den Abschreibungsgegenwerten oder aus dem Reingewinn aufgebracht werden. Höhe und Fälligkeit der Tilgungsraten sind bei der Finanzplanung durch Aufstellung eines Tilgungsplanes zu berücksichtigen.

II. Tilgung von Schuldverschreibungen

Diese erfolgt aufgrund der Emissionsbedingungen entweder durch Rückzahlung zum Nennwert (oder, wenn vereinbart, über pari) oder durch Rückkauf. Die Anleihe kann in einem Betrag oder nach einem festgesetzten Plan in mehreren Teilbeträgen zurückgezahlt werden.

1. *Rückzahlung:*

a) *Rückzahlung der gesamten Anleihe:* Regelfall bei den Schatzanweisungen; sie findet häufig statt bei Staatsanleihen und Industrieobligationen, bei denen der Schuldner sich die Kündigung jederzeit oder von einem bestimmten Termin ab vorbehalten hat, wenn die Lage auf dem Geldmarkt günstig ist und eine Konversion durchführbar erscheint.

b) *Planmäßige Rückzahlung:* Entweder Tilgung durch bestimmte gleichbleibende oder nach Wahl des Schuldners steigende Anzahl von Stücken oder aber Tilgung durch Annuitäten. Da hierbei die Summe aus Verzinsung und Tilgung konstant bleibt, sinkt der Zinsanteil mit fortschreitender Tilgung, weswegen der Tilgungsanteil entsprechend steigt. Bei beiden Verfahren erfolgt die Feststellung der zu tilgenden Stücke durch Auslosung oder Verlosung entweder für ganze Serien oder für einzelne Nummern. Die ausgelosten Serien oder Nummern werden bekannt gemacht und zu dem festgesetzten Termin eingelöst. Vom Einlösungstermin ab findet keine Verzinsung mehr statt, sodass ein Versäumnis der Einlösungstermine mit Zinsverlust verbunden ist. Die Ansprüche aus den ausgelosten Papieren verjähren mangels anderer Vereinbarung in 30 Jahren, falls sie während dieser Zeit nicht vorgelegt werden, sonst zwei Jahre nach Vorlegung, § 801 BGB.

2. *Rückkauf:* Kann freihändig an der Börse erfolgen oder auf dem Submissionswege, indem der Schuldner Angebote der Gläubiger einfordert. Häufig hat sich der Schuldner nach seiner Wahl Tilgung durch Rückkauf oder Auslosung vorbehalten; er wird jeweils den Rückkauf vorziehen, wenn das Papier an der Börse unter pari zu haben ist. Bei Prämien- oder Losanleihen findet die Tilgung durch *planmäßige Verlosung mit Gewinnen* (Prämien) statt.

Tilgungsanleihe

Amortisationsanleihe; Anleihe, die im Gegensatz zur ewigen Anleihe getilgt wird. Die Tilgung kann am Ende der Laufzeit in einer Summe erfolgen (gesamtfällige Anleihe). Werden jährlich gleich hohe Beträge getilgt, so bezeichnet man die Anleihe als Ratenanleihe. Bleibt die jährliche Gesamtbelastung gleich (die Tilgung steigt um die ersparten Zinsen), so liegt eine Annuitätenanleihe vor. Häufig beginnt bei Raten- und Annuitätenanleihen die Rückzahlung nach einer tilgungsfreien Zeit (Tilgungsfreijahre). Anleihen ohne festen Tilgungsplan werden während ihrer Laufzeit nach den vertraglichen Möglichkeiten des Ausstellers zurückgezahlt. Die technische Durchführung der Rückzahlung kann planmäßig über die Auslosung von Serien, Reihen, Gruppen oder Endziffern bzw. durch freihändigen Rückkauf zulasten eines planmäßig dotierten Tilgungsfonds erfolgen. Außerplanmäßige Tilgungen sind zusätzliche Tilgungen, die gegebenenfalls gemäß Anleihebedingungen auf die planmäßigen Tilgungen späterer Jahre angerechnet werden. Außerplanmäßige Tilgungen können durch vorzeitige Kündigung der gesamten Anleihe (frühestens nach Ablauf einer in den Anleihebedingungen vorgesehenen kündigungsfreien Zeit), durch Auslosung zusätzlicher Serien, Reihen, Gruppen oder Endziffern und durch Rückkauf an der Börse erfolgen. Eine Kündigung festverzinslicher Wertpapiere durch den Anleihegläubiger ist in den Anleihebedingungen meistens ausgeschlossen. Bietet der Emittent mit Kündigung einer Anleihe gleichzeitig den Wertpapiergläubigern eine neue Anleihe zu geänderten Bedingungen (Zinssatz, Laufzeit, Tilgungsmodalitäten) an, so handelt es sich um eine Umwandlung der Schuldbedingungen (Konversionsanleihe).

Tilgungsrate

Betrag, der zur Tilgung einer Schuld, die nicht auf einmal im Gesamtbetrag zurückgezahlt wird, fortlaufend innerhalb bestimmter Zeitabschnitte (jährlich, vierteljährlich, monatlich) an den Kreditgeber zu zahlen ist.

Tilgungsrate und Zinsbetrag ergeben zusammen die *Annuität*.

Finanzplanung: Bei Aufstellung des Finanzplanes einer Unternehmung sind die im Planabschnitt fälligen Tilgungsraten zu berücksichtigen.

Turnaround

Wende eines in einer wirtschaftlichen Krise befindlichen Unternehmens von der (existenzgefährdenden) Verlustzone in eine langfristige (überlebenssichernde) Gewinnsituation. Auch allgemein verwandt im Sinn eines Herausbringens aus einer Verlustsituation oder auch im Sinn von Trendwende.

Überbrückungsfinanzierung

Aufnahme von kurzfristigen Mitteln (vor allem Überbrückungskredit) zur Überbrückung von (kurzfristigen) Liquiditätsengpässen, z. B. wenn erwartete Zahlungen nicht termingemäß eingehen.

Überbrückungskredit

Kredit, der zur Deckung vorübergehend auftretenden Geldbedarfs (Überbrückungsfinanzierung) in Anspruch genommen wird.

Übergabebilanz

Vorbilanz, die bei Verschmelzung von Unternehmungen zur Vereinbarung der Fusionsbedingungen aufgestellt werden kann.

Überkapitalisierung

Zu hohe Bemessung des Nominalkapitals einer Unternehmung (Grundkapital, Stammkapital) im Verhältnis zu ihrer Ertragskraft oder ihrem realen Vermögenswert.

Folge: Die Rentabilität wird durch Überkapitalisierung stark herabgesetzt, denn der erzielte Gewinn muss auf ein zu hohes Grundkapital bzw. Stammkapital bezogen werden.

Überliquidität

Im Rahmen der unternehmerischen Liquiditätspolitik zu vermeidende überhöhte Zahlungsbereitschaft im Verhältnis zu den bereits fälligen und in kurzer Frist fällig werdenden Verpflichtungen. Folge sind Zinsverluste.

Maßnahmen zur Beseitigung von Überliquidität:

(1) Investition innerhalb oder außerhalb des eigenen Unternehmens;

(2) Schuldenrückzahlung oder Kapitalherabsetzung.

Überschussfinanzierung

Ersatzbezeichnung für den üblicheren Terminus Selbstfinanzierung.

Umsatzrentabilität

Sie ist im Rahmen jeder Unternehmensanalyse von Bedeutung und gibt das prozentuale Verhältnis des Jahresüberschusses zum erzielten Umsatz an. Sie lässt somit erkennen, wie viel Cent Gewinn mit jedem Euro Umsatz erwirtschaftet wurde.

Die Kennzahl wird in der Literatur unterschiedlich abgegrenzt. Die Grundversion, die

$$\text{Brutto-Umsatzrentabilität} = \frac{\text{Jahresüberschuss vor Steuern und Zinsen} \cdot 100}{\text{Umsatz}}$$

ist eine aussagekräftige Kennzahl im zwischenbetrieblichen Vergleich, weil von Finanzierungs- und steuerlichen Einflüssen abstrahiert wird. Sie wird auch EBIT-Marge genannt.

Da de facto aber Steuern und Zinszahlungen anfallen, kann auch die

$$\text{Netto-Umsatzrentabilität} = \frac{\text{Jahresüberschuss nach Steuern und Zinsen} \cdot 100}{\text{Umsatz}}$$

betrachtet werden.

Umschichtungsfinanzierung

Finanzpolitische Maßnahme innerhalb einer Unternehmung, bei der kurzfristiges Fremdkapital in langfristiges umgewandelt wird (selten umgekehrt), z. B. Rückzahlung eines Bankkredits mit dem Verkaufserlös emittierter Anleihen.

Unterkapitalisierung

Missverhältnis zwischen Betriebsgröße und Kapitalhöhe infolge ungenügender Ausstattung bei Gründung oder bei Anwachsen der Kapitalbedürfnisse oder bei starken Kapitalverlusten. In der Regel ist das Anlagevermögen im Vergleich zu eigen- bzw. langfristigem Fremdkapital zu groß. Es droht Illiquidität.

Venture Capital

I. Begriff

Beim Venture-Capital (Risikokapital, Wagniskapital) handelt es sich um zeitlich begrenzte Kapitalbeteiligungen an jungen, innovativen, nicht börsennotierten Unternehmen, die sich trotz z.T. unzureichender laufender Ertragskraft durch ein überdurchschnittliches Wachstumspotenzial auszeichnen. Das Venture-Capital-Geschäft stellt einen Teilbereich des Private-Equity-Geschäfts dar, worunter man den Handel mit Eigenkapitalanteilen an nicht börsennotierten Unternehmen versteht. Das Engagement von Venture-Capital-Gesellschaften ist i.Allg. auf bestimmte Entwicklungsphasen (Seed Stage, Early Stage, Expansion Stage) des Zielunternehmens begrenzt und währenddessen auf die Erzielung eines maximalen Wertzuwachses ausgerichtet, der zum Zeitpunkt des Ausstiegs maßgeblich den Investitionsertrag bestimmt. Die Wagnisfinanciers stellen jungen Wachstumsunternehmen nicht nur Kapital zur Verfügung, sondern unterstützen sie durch diverse Beratungsleistungen. Dies ist oft von entscheidender Bedeutung für eine erfolgreiche Unternehmensentwicklung, weil den meist technisch oder naturwissenschaftlich geprägten Unternehmensgründern typischerweise Managementerfahrung und betriebswirtschaftliche Kenntnisse fehlen.

II. Ertragspotenziale und Risiken von Venture-Capital-Finanzierungen

Positive Rückflüsse aus einer Beteiligung sind häufig erst nach mehreren Jahren zu erwarten. Die wesentliche Ertragskomponente von Venture-Capital-Gesellschaften bilden daher nicht laufende Dividendenzahlungen, sondern die erzielbaren Erlöse aus der abschließenden Beteiligungsveräußerung. Beim Scheitern einer Geschäftsidee kommt es in der Regel zum Totalverlust. Denn solange eine Innovation nicht erfolgreich umgesetzt ist, bestehen die Werte junger Wachstumsunternehmen nicht in physischen Aktiva, die als Sicherheiten herangezogen werden können, sondern verbergen sich im für Außenstehende unzugänglichen Humankapital der Unternehmensgründer bzw. den immateriellen Vermögensgegenständen des Wachstumsunternehmens. Ferner sind naturgemäß Prognosen hinsichtlich der Erfolgsaussichten von Innovationsprojekten mit hohen Unsicherheiten belastet. Probleme bereitet Außenstehenden schließlich die verlässliche Beurteilung der Fähigkeiten sowie der Vertrauenswürdigkeit der Unternehmensgründer. Aufgrund des risikobehafteten Umfelds in Kombination mit den Informationsvorsprüngen der Unternehmensgründer sind Wagnisfinanzierungen durch ausgeprägte Anreizkonflikte gekennzeichnet. Daher kommt der Beratungstätigkeit externer Kapitalgeber gleichzeitig eine Kontrollfunktion zu.

III. Ausgestaltung von Venture-Capital-Finanzierungen

Infolge der obigen Problemkonstellation stellen Venture-Capital-Gesellschaften den Zielunternehmen vorwiegend Beteiligungskapital zur Verfügung. Herkömmliche Kreditfinanzierungen erweisen sich als ungeeignet, da feste Zins- und Tilgungszahlungen die Liquiditätssituation der Wachstumsunternehmung belasten und gerade in einem risikobehafteten Umfeld mit negativen Verhaltensanreizen einhergehen. Ein im Vorhinein fixierter Zahlungsanspruch würde zudem eine Partizipation an hohen Gewinnen im Erfolgsfall verhindern, die den umfangreichen Beratungs- und Kontrollaufwand erst rechtfertigen. Zur Sicherung einer hinreichenden Erfolgsbeteiligung sowie entsprechender Einflussrechte gehen Venture-Capital-Gesellschaften größere Beteiligungen ein. Um adäquate Erfolgsanreize für die Unternehmensgründer zu gewährleisten, bleiben Letztere jedoch zumeist Mehrheitsgesellschafter. Die Beziehung zwischen der Venture-Capital-Gesellschaft und den Unternehmensgründern wird überdies durch eine Reihe spezieller Vertragselemente gesteuert. Durch diese wird der Handlungsspielraum bes. des Unternehmensgründers, aber auch der Venture-Capital-Gesellschaft (etwa im Hinblick auf den Schutz des geistigen Eigentums des Unternehmensgründers) an bes. kritischen Stellen begrenzt. Der Gesellschaft werden in diesem Zusammenhang normalerweise Einflussrechte eingeräumt, die über das Niveau hinausgehen, das ihr entsprechend ihrem Kapitalanteil zustünde. Vorgesehen ist meist auch eine sogenannte Stufen- oder Phasenfinanzierung. Danach werden der Wachstumsunternehmung immer nur dann zusätzliche Finanzmittel zugeführt, wenn bestimmte, im Vorfeld vereinbarte Entwicklungsschritte erreicht worden sind. Oft treten bei Innovationsfinanzierungen weitere externe Financiers wie zusätzliche Kapitalbeteiligungsgesellschaften und Industrieunternehmen im Rahmen sogenannter Co-Investments hinzu; dies wird als Syndizierung bezeichnet. Industrieunternehmen z. B. können ihre Kompetenzen im technischen Bereich einbringen. Zu beachten ist allerdings, dass durch Co-Investments auch zusätzliche Interessenkonflikte entstehen können.

IV. Financiers des Venture-Capital-Geschäfts

Venture-Capital-Anlagen werden zumeist in überschaubar kleiner Zahl in Fonds gebündelt. Der größte Anteil der Fondsmittel stammt nicht von der Venture-Capital-Gesellschaft selbst, sondern von institutionellen Investoren wie Versicherern oder Pensionsfonds mit entsprechender Risikotragfähigkeit und hinreichend langem Anlagehorizont. In Deutschland ist auch eine recht hohe Zahl von Kreditinstituten über Tochtergesellschaften sowie (halb-)staatliche Finanzinstitutionen im Venture-Capital-Geschäft engagiert.

V. Formen der Beendigung der Venture-Capital-Finanzierungsbeziehung

Eine geeignete Gestaltung des Beteiligungsausstiegs ist von großer Bedeutung, weil die beim Ausstieg (Exit) erzielbaren Veräußerungserlöse die wichtigste Ertragskomponente des Venture Capital darstellen. Als attraktivste Option aus Sicht der Financiers gilt der IPO (Initial Public Offering), also der Gang an die Börse. Weitere sogenannte Exit-Kanäle sind der Verkauf der Beteiligung an ein anderes Unternehmen mit strategischen Interessen (Trade Sale), der Verkauf an eine oder mehrere andere Venture-Capital-Gesellschaften (Secondary Purchase) und der Rückkauf durch die Unternehmensgründer (Company Buy Back).

Verschmelzung

Fusion; Übertragung des gesamten Vermögens eines Rechtsträgers auf einen anderen schon bestehenden oder neu gegründeten Rechtsträger im Wege der Gesamtrechtsnachfolge unter Auflösung ohne Abwicklung. Dem Anteilseigner des übertragenden und erlöschenden Rechtsträgers wird eine Beteiligung an dem neuen bzw. übernehmenden Rechtsträger gewährt. Es handelt sich um eine besondere Form der Umwandlung nach dem UmwG (vgl. §§ 2 ff. UmwG).

Verteilung des Restvermögens

Aufgabe der Abwickler bei einer Personengesellschaft nach Versilberung des Gesellschaftsvermögens und Befriedigung der Gläubiger (§ 155 HGB).

Das verbleibende Vermögen wird auf die Gesellschafter nach dem Verhältnis der Kapitalanteile, das sich aus der Schlussbilanz ergibt, aufgeteilt.

Vollbeendigung einer Gesellschaft

Bezeichnung für die Beendigung der nach Auflösung einer Handelsgesellschaft im Allgemeinen noch erforderlichen Abwicklung. Mit der Vollbeendigung endet die bis dahin noch fortbestehende Abwicklungsgesellschaft. Die Abwickler haben das Erlöschen der Firma zum Handelsregister anzumelden (z. B. § 157 I HGB).

Voranschlag

Aufstellung über die in zukünftigen Zeitpunkten zu leistenden Zahlungen, getrennt nach Monaten, in aufgerundeten Zahlen je Konto des Zahlungsplans. Der Voranschlag vermittelt einen groben Überblick über die Zahlungsverpflichtungen des kommenden Planabschnittes. Im Zahlungsplanabschluss werden Sollzahlen eines Voranschlags mit Istzahlen laut Buchführung verglichen und abgestimmt.

Vorauszahlungsfinanzierung

Finanzierungsmaßnahme, bei der der Kunde vor Lieferung von Ware oder Dienstleistung eine Vorauszahlung leistet.

Zweck:

(1) Sicherheit für den Lieferanten bei Bestellung hochwertiger Spezialobjekte;

(2) finanzielle Entlastung des Lieferanten;

(3) bei Verkäufermarkt Sicherung des Warenbezugs durch Bindung des Lieferanten. Vorauszahlungsfinanzierung kann beim Lieferanten den Bedarf an Eigen- und Fremdkapital mindern.

Vorschüssige Zinsrechnung

Rechnerische Berücksichtigung des Sachverhalts, dass Zinszahlungen zu Beginn einer Zinsperiode geleistet werden.

Wagniskapital

Bezeichnet Eigenkapital, welches in neu gegründete Unternehmen eingelegt wird. Mit der Finanzierung neu gegründeter Unternehmen geht oftmals ein erhöhtes Risiko einher, weshalb die klassische fremdkapital-basierte Bankfinanzierung weniger häufig Anwendung findet. Der Begriff Wagniskapital(-beteiligung) wurde im Wagniskapitalbeteiligungs-gesetz (WKBG) aus dem Jahre 2008 geregelt. Das WKBG wurde durch Gesetz vom 18.12.2013 (BGBI S. 4318) mit Wirkung vom 24.12.2013 aufgehoben.

Die Begriffe Wagniskapital und Venture-Capital werden zwar überwiegend synonym genutzt, jedoch findet Venture-Capital auch eine umfassendere Verwendung, da der Begriff nicht nur auf Maßnahmen, die unter das WKBG fielen, beschränkt ist.

Wagniskapitalbeteiligungsgesellschaft

Stellt sogenanntes Wagnis- oder Risikokapital in Form von Eigenkapital zur Verfügung. Ersteres wird dezidiert im Wagniskapitalbeteiligungsge-setz (WKBG) aus dem Jahre 2008 beschrieben, das mit Wirkung vom 24.12.2013 aufgehoben worden ist. Danach mussten Wagniskapitalbeteiligungsgesellschaften von der Bundesanstalt für Finanzdienstleistungs-aufsicht (BaFin) als solche anerkannt worden sein und primär in Unternehmen (sogenannte Zielgesellschaften) investieren, die zum Zeitpunkt des Beteiligungserwerbs nicht älter als 10 Jahre waren und deren Eigenkapital nicht mehr als 20 Mio. Euro betrug. Gewährt wurden steuerliche Vorteile. Eine Wagniskapitalbeteiligungsgesellschaft war nicht zwangsläufig mit einer Venture-Capital-Gesellschaft gleichzusetzen, da der Begriff Venture-Capital unabhängig vom WKBG und somit umfassender verwendet wird.

Warenkreditbrief

In der Kundenfinanzierung dem Käufer von dem Teilfinanzierungsinstitut ausgestellter und von ihm in den angeschlossenen Einzelhandelsgeschäften wie Bargeld in Zahlung zu gebender Warenscheck oder Kaufscheck.

Weißer Ritter

White Knight; ein Unternehmen, das einem anderen Unternehmen, welches von einer feindlichen Übernahme bedroht ist, als „Retter in der Not" zu Hilfe kommt, indem es ein Angebot zu einer freundlichen Übernahme abgibt.

Zahlungsbereitschaft

Bereitschaft einer Unternehmung, ihren Zahlungsverpflichtungen nachzukommen, im Wesentlichen determiniert durch das Verhältnis von liquiden und liquidierbaren Aktiva zu den Schulden.

Zahlungseinstellung

Nichtbezahlung der fälligen Schulden eines Schuldners wegen des tatsächlichen oder angeblichen Mangels an Geldmitteln. Der Mangel an Mitteln muss voraussichtlich andauernd sein. Kennzeichnend für Zahlungsunfähigkeit.

Zahlungsplan

Wichtiger Teilplan im Rahmen der Finanzplanung, enthält alle Zahlungen (Ein- und Auszahlungen) nach Wert und Fälligkeit, die aus den Daten aller betrieblichen Teilpläne oder aus anderen Betriebsunterlagen abgeleitet werden.

Zahlungsschwierigkeit

Zahlungsstockung; der vorübergehende Mangel an liquiden Mitteln für die Erfüllung von fälligen Verpflichtungen.

Zinsbelastungsgrad

Grad der Belastung des Gesamtkapitalgewinns (Jahresüberschuss plus Fremdkapitalzinsen) mit Fremdkapitalzinsen (Zinsen). Der Zinsbelastungsgrad reagiert auf jede Veränderung sowohl im Verhältnis von Eigen- zu Fremdkapital als auch in der Verzinsung beider Größen. Entsprechend wichtig bei der Beurteilung der Fremdkapitalkostensituation einer Unternehmung.

Zinsbindungsfrist

Zeitraum, für den ein Zinssatz festgeschrieben ist (Festzinssatz).

Zinselastizität

Prozentuale Zinssatzveränderung einer Aktiv- oder Passivposition bei einer einprozentigen Veränderung eines Marktdurchschnitts- oder Leitzinses.

Zinsen

I. Volkswirtschaftslehre

1. *Begriff:* Preis für die Überlassung von Kapital bzw. Geld. In diesem Sinn werden auch Mieten und Pacht gelegentlich als Zinsen angesehen.

2. *Höhe:* Der Zinssatz bildet sich nach marktmäßigen Gesetzen von Angebot und Nachfrage. Die Höhe variiert je nach der Länge der Leihfristen; dadurch unterschiedliche Zinssätze am Geld- und Kapitalmarkt. Durch geldpolitische Maßnahmen kann die Höhe des Zinssatzes beeinflusst werden (Offenmarktgeschäfte, Angebote ständiger Fazilitäten). Es können auch Zinsgrenzen vorgeschrieben sein.

3. *Wirtschaftstheoretische Behandlung des Zinsproblems:* Zinstheorie.

II. Bankwesen

1. Zu unterscheiden:

a) *Aktiv- oder Sollzinsen:* Zinsen, die die Bank erhält, also der Kunde zu zahlen hat.

b) *Passiv- oder Habenzinsen:* Zinsen, die die Bank für die Einlagen an die Kunden zu vergüten hat.

2. Die *Höhe der* Zinsen ist grundsätzlich vertraglich zu vereinbaren. Sie können je nach Marktlage und Fristigkeit der Einlage schwanken.

III. Bürgerliches Recht, Handelsrecht

Rechtlich unterscheidet man vertraglich vereinbarte und gesetzliche Zinsen (vgl. §§ 246, 247 BGB). Ohne Vereinbarung sind unter anderem Verzugszinsen und Prozesszinsen zu zahlen. Kaufleute untereinander sind berechtigt, für ihre Forderungen aus beiderseitigen Handelsgeschäften vom Tage der Fälligkeit an Zinsen zu fordern (§ 353 HGB).

Für Darlehen, Vorschüsse, Auslagen unter anderem Verwendungen können sie vom Tage der Leistung an Zinsen berechnen (§ 354 HGB).

IV. Finanzbuchhaltung

Posten der Gewinn- und Verlustrechnung (GuV).

1. *Aufwandszinsen* und zinsähnliche Aufwendungen (§ 275 II Nr. 13, III Nr. 12 HGB).

2. *Ertragszinsen*(§ 275 II Nr. 9–11, III Nr. 8–10 HGB).

3. *Fremdkapitalzinsen* sind im Regelfall weder Anschaffungs- noch Herstellungskosten; sie können als Anschaffungskosten (aber nur bei Neuanlagen mit längerer Bauzeit und entsprechenden Vorauszahlungen, strittig) oder als Herstellungskosten(§ 255 III HGB) nur ausnahmsweise aktiviert werden.

4. *Skonti* sind keine Aufwands- oder Ertragszinsen, sie sind Anschaffungspreisminderungen bzw. Erlösschmälerungen.

V. Kostenrechnung

1. *Begriff/Charakterisierung:* Entgelt für die Inanspruchnahme des Produktionsfaktors Kapital (Finanzmittel), unabhängig vom verwendeten Kostenbegriff (wertmäßiger Kostenbegriff, pagatorischer Kostenbegriff, entscheidungsorientierter Kostenbegriff).

2. *Erfassung und Verrechnung:*

a) *Vollkostenrechnung:* Ansatz von kalkulatorischen Zinsen für das gesamte im Betrieb eingesetzte Kapital anstelle tatsächlich gezahlter Zinsen. Die Höhe des einheitlichen Zinssatzes leitet sich dabei zumeist aus den Kosten einer langfristigen Fremdfinanzierung ab, wird in vielen Unternehmen jedoch auch unter unternehmenspolitischen Erwägungen festgesetzt. In den letzten Jahren hat die Ableitung der Zinshöhe aus kapitalmarktbezogener Sicht – gemäß dem Capital Asset Pricing Model (CAPM) – im Rahmen der Wertorientierung des Unternehmens (Shareholder Value) eine immer größere Bedeutung gewonnen.

b) *Entscheidungsorientierte* Zinsen sind ihrem Wesen nach eine spezielle Kategorie variabler Gemeinkosten (variable Kosten, Gemeinkosten). Ihre genaue Höhe lässt sich für eine bestimmte kapitalbindende Entscheidung nicht bestimmen, zusätzlich benötigte Finanzmittel ziehen jedoch stets zusätzliche Finanzierungskosten nach sich. Für die Fundierung und Kontrolle von Entscheidungen muss deshalb (nach einer detaillierten Bestimmung der Höhe des gebundenen Kapitals) der Wertansatz prinzipiell offenbleiben, kann nur in seiner möglichen Bandbreite (unterschiedliche Zinssätze für unterschiedliche Finanzierungsquellen) vorgegeben werden. Erforderlich sind darauf aufbauend entscheidungsbezogene Sensitivitätsüberlegungen mit alternativen Zinssätzen innerhalb dieser Bandbreite.

Zinsfuß

I. Allgemein

1. *Begriff:* Der in Hundertteilen ausgedrückte Preis für die zeitlich begrenzte Zurverfügungstellung von Fremdkapital. Häufig synonym mit Zinssatz gebraucht; für finanzmathematische Zwecke zu unterscheiden.

2. *Arten:*

a) *Nominal-Zinsfuß:* Dieser entspricht der Höhe der reinen zu leistenden Zinszahlungen.

b) *Effektivverzinsung:* Diese beinhaltet sämtliche Kosten eines Darlehens; sie weicht vom Nominal-Zinsfuß ab, wenn ein Disagio auf den Darlehensbetrag vereinbart ist. Die Effektivverzinsung entspricht dem internen Zinsfuß der Kreditzahlungsreihe. Über das Disagio kann die Effektivverzinsung beliebig fein eingestellt werden.

3. Die *Höhe des* Zinsfußes hängt ab von der Dauer der Kapitalüberlassung und von gewährten Sicherheiten durch den Darlehensnehmer.

II. Kostenrechnung

Kalkulatorische Zinsen werden in der Kostenrechnung als Opportunitätskosten auf der Basis des betriebsnotwendigen Kapitals ermittelt.

III. Investitionsrechnung

Der Kalkulationszinsfuß wird in der Investitionsrechnung zum Diskontieren von Einzahlungsüberschüssen zur Ermittlung des Kapitalwertes verwendet. Er entspricht der erwarteten Rendite der besten möglichen Alternativanlage am Kapitalmarkt.

Zinsgleitklausel

Vereinbarung in einem Kreditvertrag, mit der das Risiko bzw. die Chance einer Zinsänderung auf den Kreditnehmer übertragen wird. Der Kreditzinssatz wird in regelmäßigen Abständen an einen Leitzins angepasst.

Zinssatz

Wird üblicherweise als Synonym für *Zinsfuß* gebraucht. Für die Zwecke der Finanzmathematik ist es aber zweckmäßig, zwischen dem Zinssatz (p% = p/100) und dem Zinsfuß (p) zu unterscheiden.

Zinsspannenrechnung

Verfahren der Bankkalkulation. Gibt die Ergebnisstruktur einer Bank im Rahmen ihres Zinsgeschäfts zu erkennen. Zu unterscheiden ist die Teilzinsspannenrechnung und die Gesamtzinsspannenrechnung. Grundlage für die Zinsspannenrechnung ist eine Zinsertragsbilanz.

Zusammenlegung von Aktien

Maßnahme bei der Kapitalherabsetzung zum Zwecke der Sanierung einer Aktiengesellschaft. Die Zusammenlegung von Aktien wird dann notwendig, wenn der auf die einzelne Aktie (Nennbetragsaktie oder Stückaktie) entfallende Betrag des herabgesetzten Grundkapitals den Mindestbetrag unterschreiten würde (§ 222 IV Satz 2 AktG).

Zusatzkapital

Durch einbehaltene Gewinne (Selbstfinanzierung) geschaffenes, in Form von Gewinnrücklagen zusätzlich zum Grund- bzw. Stammkapital ausgewiesenes Kapital in Kapitalgesellschaften. Zusatzkapital muss nicht durch Dividenden bedient werden. Hohes Zusatzkapital führt über erhöhte Kreditwürdigkeit zu einem größeren Kreditspielraum sowie wegen steigender Kurse zu einer geringeren Dividendenrendite der Aktionäre.

Zuzahlungen der Aktionäre

Über die Einlage hinausgehende Zahlungen. Aktionäre einer AG brauchen grundsätzlich keine Zuzahlungen zu leisten (§ 54 AktG); so wird die Fungibilität der Aktie gewährleistet. Freiwillige Zuzahlungen der Aktionäre kommen bei der Kapitalerhöhung gegen Ausgabe von Vorzugsaktien vor. Die AG muss die durch Zuzahlungen der Aktionäre zufließenden Beträge in die Kapitalrücklage einstellen (§ 272 II Nr. 3, 4 HGB).

Zwischenfinanzierung

Vorfinanzierung; Aufnahme von kurzfristigen Mitteln bis zur Ablösung durch langfristiges Fremdkapital oder Eigenkapital. Das Risiko der Zwischenfinanzierung liegt in der Ungewissheit, den kurzfristigen Kredit rechtzeitig zu konsolidieren.

Bedeutung: In der Bauwirtschaft üblich wegen der relativ geringen Eigenkapitalausstattung und der Höhe der Baukosten (Baugeldkredit).

Printed in the United States
By Bookmasters